主婦である私がマルクスの「資本論」を読んだら

15冊から読み解く家事労働と資本主義の過去・現在・未来

DU BOOKS

主婦である私がマルクスの「資本論」を読んだら

15冊から読み解く家事労働と資本主義の過去・現在・未来

チョン・アウン 著
生田美保 訳

プロローグ
物事の核心にはお金の問題が潜んでいる!

『母親の読書』(未邦訳)という本を出したあと、母親たちを対象とした3本立ての講義を準備した。1時間目は母親の哀歓を、2時間目は父親の哀歓を扱い、3時間目は親たちが抱える苦労がどこから来るのかを〝資本主義〟という体制に問うことで、前の2時間の講義を総合する内容だった。最初は、1時間目のテーマが最も反応がよく、後ろにいくほど人気が落ちると予想した。後半になるほど「母親」と呼ばれる人たちとの直接的な関連が薄くなり、専門用語が飛び出してくるので。

予想に反して、「母親たち」は1時間目より2時間目の講義を、2時間目より3時間目の講義を喜んだ。「自分」の哀歓よりも「夫」の哀歓をのぞき込むほうを好み、「母親」という立場の苦悩をピックアップして共感するよりも、その立場がもたらす困難の根本的な理由を暴く作業により興味をもった。

受講者を募集する過程では3番目の講義が最も人気がなかった。主催者側は〝資本主義〟という言葉が入っているせいだと言って、内容を変えるようそれとなく求めた。私は原案のままいくことを譲らなかった。それは、その講義に私が究極的に話したいことが入っていたためだ。母親たちがどれだけつらい思いをしているかを討論して共感するのもよいが、それよりも、この問題が根本的にどこから来ているのか、現実的な観点から見せていきたかった。私たちの問題が「お金」という真っ黒い存在とつながったものであることを鮮明にしたかった。

私の問題意識はただひとつだった。

母親たちはなぜ、一日中家事をしていても「家で遊んでいる」と言われるのか。

その疑問に対する答えを見つけるには、感情を吐露したり言葉でなぐさめるより、もっと深く踏み込んだなにかが必要だった。

お金の話をしなくては！

物事の核心にはお金の問題が潜んでいる！

私はそのことを考え続けた。

3番目の「ジェンダーの視点で見た資本主義」をはじめて扱ったとき、講義が始まってすぐに受講者たちの目が輝きだし、顔の筋肉がピクピクしだすのが見えた。その反応に背中を押され、アダム・スミスだのマルクスだのといった学者たちの名前を挙げながら、準備してきた内容を最後まで進めていった。講壇に立つと聴衆の集中具合やノリがつぶさにわかるので、肯定的な些細な反応にも勇気100倍となり、予定していたよりも多くの中身を披露することになる。私ははじめて試した〝資本主義〟の講義でこんな経験をしたので、それ以降、単発の講義依頼が来ると、このテーマを強く推した。内容が難解ではないかと心配されれば、自信たっぷりに言ってやった。「この講義を聞いた方たち、みんないい反応でした。タイトルだけ聞くと難しそうですが、実際にはそんなことないです」。

「主婦」と呼ばれる人たちは、家でさまざまな労働をこなしているのに、思いがけずも「家で遊んでいる」という言葉の攻撃を受ける。普段空気中をただよっているこの言葉は、ある瞬間に、予想もしない場所で主婦たちの皮膚をやぶって突き刺さってくる。体内に入り込んだ言葉の効果は、ひっそりと、いつまでも続く。言われた側は、鼓膜を通って体内に入ってきた一言が自分に与えた影響に気づかないまま日常を営む。しかし、その言葉がもつ毒は体内に少しずつたまり、近い将来、あるいは遠い将来にいろいろなかたちで影響力を行使する。

やることをやっているのに「遊んでいる」と言われる女たちは、つねに自分の行為を否定される。皿を洗ったのに遊んでいると言われ、料理をしたのに遊んでいると言われ続けると、徐々に自分のしたことを過小評価するようになり、しまいには、自分を卑下するようになる。

このへんで、「そんなこと言われたからってなんだ」と思う人もいるだろう。他人から遊んでいると言われようが、自分さえそう思っていなければいいのではないか。他人の言葉に一喜一憂していたら生きていけない、と。でも、「言葉」というものは重要で、いったん他人の口から発射されて、聴力の届く範囲に入ってきた言葉は、消えずに残る。言葉というものは本来、私たちがする行動の「名札」としてのはたらきをするから。

しかし、「言葉」そのものを追いかけることだけでは、その言葉の影響力を消去することはできない。言葉はただの「言葉」に過ぎないので。だから、「言葉」の起源を探ることは、その言葉が出てこざるをえなかった社会の作動方式に対する探究につながる。主婦たちに「家で遊んでいる」と言った人たちをとがめ、矯正しようとする段階を超えて、発話者にその言葉を言わせることになった社会的・文化的背景を掘り下げていくことになる。

現象に過ぎない一言よりも、その言葉を量産した本体を見つけ出さなくてはならない。家で遊んでいるという言葉の起源をたどる旅路に「母親」と呼ばれる人たちが目を輝かせてついてきたのは、こうした理由からだろう。

こうした私の試みが響いた人の中には、「父親」と呼ばれる人たちもかなりいた。『母親の読書』を読んではじめて妻のことが理解できたという感謝の手紙を送ってきた「夫」もいれば、「ジェンダーの視点で見た資本主義」の講義を聞いて、普段感じていた疑問が解けたという「父親」もいた。敵対的な反応を見せるだろうと思っていた人たちの好意的な反応に少し驚いた。最初は「それでも覚醒した男の人たちがいるんだな」と思っただけだったが、似たような事例が重なり、問題は「男性」ではなく「私」にあったのだと思った。

要するに、世の中には、つらいとこぼす母親たちに敵対心を見せる「男性たち」はいなかったのだ。私が考えていた均質・単一のグループ――女性の苦労を語れば目を血走らせて乗り込んでくる、敵対的な単一の種族――は存在しなかった。私が想像して、勝手に敵対視していた人たちは、ひとりひとり個別の姿で現れ、私に共感し、感謝を伝えてきた。驚いたし、嬉しかったし、ありがたい経験だった。この経験によって私は、それまでもっていた偏狭なジェンダー意識の限界を打ち破って出てくることができた。

また、こんな興味深い反応もあった。ある討論会で「ジェンダーの視点で見た資本主義」の講義と同じ内容を発表したとき、反感を示した女性がいた。それは専門職に従事する40代半ばの非婚女性で、彼女は専業主婦を「他人の慈悲に依存した者」と表現し、自分はこれから結婚したとしても絶対にそんな風には生きないと言った。その場にいた「専業主婦」のうちのひとりがこれに激怒し、座は荒れ模様になった。幸い、年配の方が仲裁に入って騒動は幕を閉じたが、その女性の発言は、私の意識にどっかりと根を下ろした。他人の慈悲に依存した者だなんて……。同じ女性の口から出てきた言葉ゆえに、より痛烈で、より深刻に聞こえた。私はしばらくのあいだ、その言葉を反芻した。どうしてあんな言葉が出てきたんだろう。あの言葉はどんなルートを経て彼女の口から出てきたのか。結婚も出産もせず、社会の一組織に確実に自分の居場所を築いている非婚女性の声帯を通って出てきた一言に、私はいろいろと考えさせられた。

このように専業主婦をさげすむ言葉が遠慮なく飛び交って力を発揮する大地には、「父親」と呼ばれる人たちと、「結婚と出産と育児という典型的な道を歩まない非婚女性」という存在が立っており、かれらと出会ったことで私は、それまでの道をそれて、別の道に足を踏み入れることになった。その先で出会った世界は、より広く、より多彩な場所だった。そして、その世界で私は知った。家で家事を担当する人たちを見下す社会現象に問題意識をもつことは、母親たちだけでなく、父親たち、母親でない主婦たち、母親でも主婦でもない非婚女性たちにとっても必要なことだと。

これは女性問題に対する視点の転換へとつながった。女性問題とはすなわち男性問題であり、両者はイコールであるという考え。「男性」というのは、均質的な仮想の敵軍ではなく、現実の中にいる私の息子であり、私の夫であり、私の父であり兄なのだという考えにたどり着いたのだ。

このように考え方が変化した過程をつまびらかにし、分類し、整理したのがこの本だ。変化の過程をお見せするするために、最初に抱いていた非常に単純で偏狭な考えも正直に書いた。旅路の途中で突然ぬっと現われ、それまでとは別の方向に目を向けるきっかけをくれた人たちに感謝する。人生において重要な局面はいつも偶然に、不意に訪れるという大事なことを教えていただいた。

チョン・アウン

もくじ

II　問題の核心は〝カネ〟

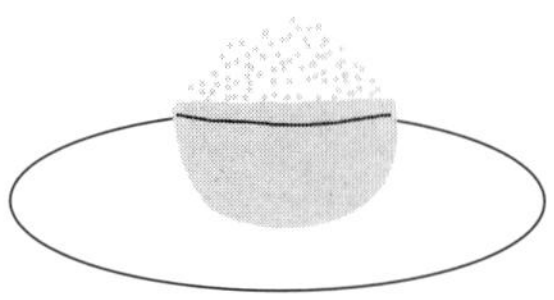

III　資本主義社会で女性として生きるということ――111

Ⅳ　境界線を越えたところの世界──175

＊【 】内、訳注です。

I

主婦たちの

暮らす

離れ島

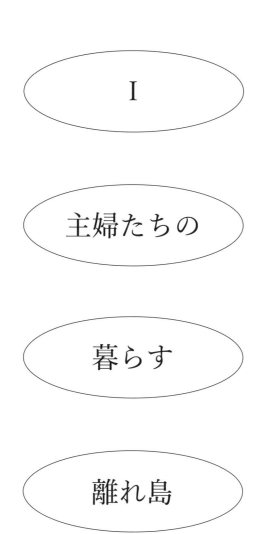

「家で遊んでるんだって？」

上の子が5歳【韓国では数え年を用いるため、実際には満3〜4歳】になった年、それまで通っていた会社を辞めた。帰りは早いほうだったし、子どもを預ける場所も確保できていたが、結局、辞めるほうを選んだ。理由は複合的だった。2人目を妊娠中で、今後子どもを2人もどこかに預けるなんて無理だと思ったのと、会社で補助的な仕事ばかり続けることに懐疑的になっていた。しかし、なによりも私を苦しめたのは、母親になったあとも仕事を辞めない私に向けられる周囲の視線だった。あちこちから飛んでくる叱責まじりの視線。あなた「母親」じゃないの？　しかも、もうすぐ2人目が産まれるんでしょ？　なのに「お金を稼ぐ」ことに優先順位をおくなんて理解できない。もちろん面と向かってこういうことを言う人はいなかったが、さまざまな表情やしぐさから伝わってくるメッセージは明らかだった。

お前がいるべき場所はここじゃない。さっさと家に戻れ！

会食の席にいると決まって「こんなに遅くまで外にいて、子どもは誰が見てるの？」という質問が飛んできた。子どもを見てくれる人がいるんですと答えるが早いか、「こんな時間まで帰らないんじゃ、子どもがかわいそう」という言葉が返ってきた。ほかにも、母親が手塩にかけて育てた子どもとそうでない子どもの違いに関するエピソード、たとえば、学校の成績に差が出るといった話が忘れた頃になると流れ込んできたし、子どもの面倒を見てくれる人たちも「お前がすべきことを代わりにしてあげているのに、十分に感謝されていない」という不満をちらつかせた。

結局、心の問題だった。ずっと会社通いを続けるにはあまりにも肩身が狭くなっていた。そんな状態でしぶとく通い続けるくらいなら、いっそのこと辞めてしまったほうがいいと思った。いったん辞めて、下の子が少し大きくなったらまた働こうという気持ちもあった。生まれたばかりの赤ん坊を他人に預けるのはひどすぎないかと思ったし、正確に言うなら、まわりから「ひどい」と思われるのではないかと怖かった。この際、家で翻訳の仕事をして、子どもたちが大きくなったら、その仕事でもう一度社会に出ようという計画もあった。

こうして「家にいる」母親になった。家事と育児の全責任を負う専業主婦に。では、その後、私は幸せだったのか。社会のあちこちで叫ばれる「母親は家に！」というスローガンにしたがった30代の妊産婦は幸せになったのか。以前のように不安になることも、「悪い母親」という罪悪感にさいなまれて眠れないこともなくなったのか。

ある程度はそうだと言えるだろう。自分がすべきことを他人に押し付けているという意識からくる後ろめたさがすっかり消えたという面では、確かに胸のつかえが下りた。罪人のようにあちこちにペコペコ頭を下げなくてよいのもよかった。5歳の子どもの世話を一手に引き受け、夕方の外出など考えられない身になったが、心は軽かった。体は家に閉じ込められても、心に自由を与えるほうが100倍いいと思った。

そんな気持ちで次々と襲ってくる家事と育児をせっせと片付けていたある日、その一言が飛んできた。おそらく最初から予定されていた、だが当事者は全く予想していなかった、仕事を辞めて家に入った母親たちがいつかは耳にせざるをえない、運命のような一言。その言葉を私の耳に突き刺す役をつとめたのは、高校時代の同級生だった。会社を辞めて2週目に入った日、子どもを保育園に送って、洗濯物をたたんでいるところに携帯電話が鳴った。

「ねえ、アウン！　あんた、最近、家で遊んでるんだって？」

通話が可能か確認したあと、友人がいきなり放った。あんた、家で遊んでるんだって？

その言葉を聞いたときの感じは……。驚いたのか。不快だったのか。慌てたのか。わからない。強烈ななにかが通り過ぎていったのだが、あれはなんだったと言うべきか。

「……。そうなの。私、遊んでるの。会社辞めてさ」

少々の間のあとに、こう答えた。遊んでると。口を開けて「あ・そ・ん・で・る」と発音しているとき、妙な気分だった。魂が肉体から抜け出して、「遊ぶ」という言葉を発する自分を見おろしている感じというか。私はすべてが停止した真空状態で国語の教科書でも読むように友人の言葉をそっくりそのまま復唱し、その次の瞬間から会話はいつものように流れていった。退社したときの雰囲気だとか、退職金をいくらもらったとか、辞めてみてどんな気分かなどなど……。一瞬、静止画になった映画が再び動きのある画面に戻ったかのように、電話上では久しぶりに声を聞いて喜び合う同級生のにぎやかな会話が続いていった。

会社を辞めて2週間で私の耳元に届いたその言葉は、それ以降、忘れた頃になると登場するリフレインとなった。いろいろな場所で、さまざまな人たちからこの言葉を贈られた。

お前は家で遊んでいるではないか。数えきれないくらい聞いているうちに、慣れてしまった。そう言われても、うろたえたりせず、素直に認めるようになった。自分が「遊んでいる」という事実を。しまいには、私のほうから「あれ？　言ってなかったっけ。私、会社辞めて、家で遊んでるんだよね」と言うまでになった。けろりとした顔で話しながら、心の奥底でちょっぴりザラリとした感情がうごめくのを感じたが、無視した。その言葉がどうして引っかかるのかわからなかったから。つきつめてみれば間違った言葉でもないと思ったから。自分のほうから「家で遊んでいる」と言い出したのは、つまりこういう心理だったのかもしれない。むこうから言われる前に言ってしまおう。先手を打って認めてしまえば、相手にブチ切れるようなバカなまねをすることもないだろう、という。

今になって思えば、それは「母親は家に！」という歌の2番だった。この歌に合わせて家に入った母親には、「家で遊んでるんだね！」という2番が待っていたのだ。しかし当時は、ものすごい勢いで降りかかってくる家事を体に覚えさせつつ、子育てに専心していたので、その言葉のもつ響きを十分に認識することができなかった。それだけでなく、その次に来る歌、すなわち同じメロディーの3番が待っているという事実にも気づかなかった。

運命の3番は、それから数か月後にやってきた。もしかすると、それ以前から鳴り響いていたのかもしれないが、私の耳に深く入り込み、運命の言葉として根を下ろしたのは、退職からだいぶ経ったあとだった。親戚の家に行った日、みんなでテーブルを囲んで夕食を終え、果物を切って食べているときだった。話題は「最近の若い女たち」だった。親戚のおばさんたちが集まれば決まって出てくるような話、要するに「最近の若い女たちは感謝というものを知らない」、「夫が外でどれだけ苦労してお金を稼いでくるのかも知らずに、毎日外食だの、カフェだの。そのくせ仕事から帰ってきた夫に皿洗いをさせるんだから」といった話がお約束のように続き、私は一生懸命自分をなぐさめていた。生涯をそうやって生きてきた人たちだから、そう考えるのも仕方ない！　話に入らず、聞こえなかったフリをして小さくなっていよう！　その場に「若い女」は私しかいなかったので、正論を唱えたところで味方を得られる状況ではなかった。仮に味方がいたとしても、なんの変化も効果も生まないことが明らかな、お互いに気を悪くするだけの状況を作りたくなかった。私はじっと黙ってカップを見ていた。カッとなってしまいそうで、おばさんたちと目も合わせなかった。しかし、場は私を放っておかなかった。

「あんたはどう思う？」

そのうちのひとりが私に声をかけたのだ。

「え？」

その人は、私に向かってたくさんの言葉を浴びせた。あんたは本当に運がいいと思わないか。あんたのところみたいに、毎月きちんきちんと給料をもってきてくれる男もめったにいない。しかも、あの子はまじめで、家族のことしか頭にない。あんたは本当に感謝しなくてはいけない。私の知り合いの誰それのところは、びた一文もってこないくせに、家事はひとつも手伝わない……。

「女だからってみんな家にいるわけじゃありません。共働きだったり、パートタイムで働いている場合もあるし……」

しどろもどろに答える私の声がかすかに震えた。

「あんたは働いてないじゃないの」

おばさんが険しい顔で言葉をさえぎった。

「はい？」

「あんたは夫が稼いできてくれるお金で楽に暮らしているじゃないの！」

それでようやくわかった。おばさんたちがその話題を口にした理由は私という存在にあったのだと。つまり彼女たちは、会社を辞めた私にその言葉を言う機会を今か今かと待っていたのだ。

「私が会社を辞めたのは……」

絞り出すように話し始めて、口をつぐんだ。私は楽をするために仕事を辞めたのではない。子どもたちのために、涙をのんで退社したのだ。今の生活は会社勤めをしているときよりも大変でこそあれ、決して楽なんかではない。子どもたちが大きくなったらまた働きに出るつもりだ……。押し寄せてくる言葉をどれから話そうか悩んだが、これまで積もり積もったものがあまりに多くて、それらを、筋道を立てて和やかに表現するだけの力はなかった。泣いたり怒ったりせずに話せる可能性がゼロの状態で、私は話すこと自体を断念してしまった。

「ありがたいと思いなさい。毎日毎日、夫に『ありがとうございます』って言って暮らしてもいいくらいだわ」

おばさんの目は意気込み、声には怒りがこもっていた。私は目を伏せた。おばさんがこれまで私のことをけしからんと思っていたことを、そして、長いあいだ胸に秘めていた言葉をここぞとばかりに放ったのだということを、ようやく理解した。

自制心を発揮して、ただ黙って聞くことでその場をやり過ごしたが、この日の出来事はのちのちまで心に巣くった。すさまじい敵対心とともに飛んできて私の胸に突き刺さった言葉、「夫が稼いできてくれるお金で楽に暮らしているじゃないの!」という言葉は、家で遊んでいるという言葉よりもはるかに大きな衝撃をもたらし、専業主婦として暮らす人が社会でどのような扱いを受けるのかの象徴として私の中に刻み込まれた。

それから数日のあいだ、私は眠れなかった。彼女が次々と放った男尊女卑の言葉、敵対心のこもったまなざし、怒りに満ちた声がひっきりなしに頭をよぎった。なにも言えずにお手上げ状態で座っていた自分に対する後悔もついてまわった。もう一度あの日に戻れるなら言ってやりたい言葉を思い浮かべて、一人でブツブツつぶやきもした。あれから10余年の歳月が流れた今、思い返してみると、私にあんなことを言ったおばさんが気の毒に思えてくる。生涯を専業主婦として暮らした人だった。若い頃は女優をしていたのかと言われるほど華やかな外見に、ファッションセンスも優れたオシャレさんだったが、口から出てくる言葉は、「女の運命は夫次第」だとか「女はこうあるべき」といった、性差別的な概念がつづり合わされたものばかりだった。口を開けば決まって「女は」という言葉が出てくるのは、彼女が生涯その言葉を言われてきたということではないか。女はこうすべき、女はああすべきという言葉に素直にしたがって生きてきた彼女は、そういう生き方をしない最近の若い女性たちを見て、自分の人生を否定されたような気になったのだろう。自分にそういう生き方をさせたのは最近の若い女性ではなく男性中心の社会構造であり、反旗を翻して戦うべき相手も若い女性ではなく自分にそのような人生を強要した男性という既得権階層なのに、これまでの人生は、彼女に問題の核心に迫り、対応する時間と方法と勇気を許容しなかったのだ。これからも彼女はそうやって生きていくのだろう。残りの人生を、若い女性たちの図々しさをののしり、説教し、若い女性たちとの不和を生みながら。そして、その過程を見守る人たちは舌打ちして言うだろう。やっぱり女の敵は女だと。

この日以降、私の病気が始まった。ことあるごとに携帯電話で求人サイトにアクセスする病気。正規、非正規、アルバイトを問わず、自分にできそうな仕事をむさぼるように探す病気。とくに、誰かの口から歌の2番や3番が出た日には、必ずネット上で求職活動を繰り広げた。正確には、求職というより、ただ検索しただけと言わねばなるまい。2人の子どもを抱えた身分で、朝早くに出かけて夕方に帰ってくる会社員生活はそもそも可能でなかったので、検索に2時間くらい費やすことで、込み上げる怒りをなだめた。無駄なことをしているとわかっていながらも、検索して仕事の内容を確認しているときだけは、そして、このくらいなら私でも受かると確信がもてるときだけは、お金を稼いでくるという快感にひたることができた。私が自分の能力でまた会社に入り、自分名義の銀行口座に毎月一定額が振り込まれるという錯覚に。それは、私が自分に許した「有用な」時間の無駄づかいであり、「遊んでいる」とか「夫に養ってもらっている」という言葉の爆撃の下でも、二児の母という重大な役割を投げ出さないようにするための次善の策だった。

主婦たちの住む世界はどうしてこうも違うのか

ソースタイン・ヴェブレン『有閑階級の理論』（村井章子訳、ちくま学芸文庫、２０１６年）

私の仲間たち、つまり「専業主婦」と呼ばれる人たちと本格的に親しくなったのは、専業主婦生活2年目に入った頃だった。６歳になった上の子が幼稚園に入り、同じ園に子どもを通わせている母親たちと少しずつ知り合いになったのが発端だった。ある日、気づいてみたら、日常のほとんどをママ友たちと共有していた。最初に会社を辞めたときは「いったい、いつになったら地元の友だちができるんだろう」と嘆いていたのに、子どもが幼稚園に入ったら自然とできた。そのほとんどが上の子の幼稚園の友だちの母親だったので、子どもは私の全般的な生活だけでなく社交範囲までをも決めてくれる、ものすごい影響力をもつ存在だった。

子どものおかげで出会ったママ友たちは、実にさまざまな個性をもっていた。年齢や外見はもちろん、生きてきた環境、経済的条件、言葉づかいなど、どれひとつとして自分との共通点が見当たらなかった。子どもがいなかったら、こうして出会って親しくなることはなかったであろう彼女たちの存在は、私に相反する感情を同時にもたらした。これまで付き合ってきた人たちとは完全に異なる存在が私の生活に入り込んでくることにワクワクもしたが、完全に異なる価値観をもった人たちが私にも当然のように同じ価値観を要求してくるときは、困惑と不安で固まってしまった。男性は軍隊に入ると各界各層の人に出会って視野が広くなるというが、母親になると子どもによっていやがおうでも視野が拡張されるんだな、と思った。

こうして回想しながら書いていると、ふと、根本的な疑問がわき上がってくる。専業主婦ってなんなんだ？「専業」って言うけど、果たして主婦って「業」なのか？なら、「業」とはなんだ？あれから10年が経ち、相変わらずアイデンティティの80パーセントは主婦であるが（作家という低所得のパートタイム労働をしているが、根本的に私のアイデンティティは主婦だ）、私は今もわからない。専業主婦とはなんなのか。今でもわからないのだから、当時はなおさらだ。あの頃を振り返ると、すぐさまひとつの単語が脳裏に浮かぶ。「荒涼」。専業主婦という名前をもらって家に「収まった」とき、私は大平原にひとり放り出された気分だった。人影のない広大な野にぽつんと落とされたような感じ。小学校に入学して以降つねに「所属」があった私にとって、主婦という名前で繰り広げられる日常は、やたら広いだけでなにもない、奇妙な真空状態のように感じられた。やるべきことの正確な範囲も、やらなかった場合のペナルティの上限も、はっきりと同僚だと言える人も、任期はいつまでという指針も、一切ない漠然とした仕事。「仕事」と呼べるのか疑わしい仕事。けれども、これまでやってきたどんな仕事よりも肩の荷が重い仕事。

荒野にてひとりでもがいているという感じは、ほかの主婦たちとの関係においても発生した。みんながみんな違った価値観をもっているので、かれらの言動をどこまでなら許し、どこからは許してはいけないのか、勘がつかめなかった。私の常識では明らかに「してはいけないこと」を当然のようにやってのけ、私にもそれを勧めるママ友たち。フツーの正しいことだから、もちろん目の前にいる仲良しママさんも一緒にやるだろうと、少しの疑いもなく信じている無邪気な瞳を見ていると、それを正しくないことだと考える自分が根本的に間違っているような気分になった。

慣れるのに最も時間がかかったのは「約束」に関してだ。ちょっとした時間の約束から、一緒に払うことにした費用、共同で負うことにした責任まで。事前になんの連絡もなしに約束を破っておいて、次に会うときにけろりとした顔で現れる人たちがいた。私からすれば、えっ？　と怒りを覚えることなのに、ほかのママさんたちは大して気にとめなかった。子育てをしていればよくあることとして、軽く嫌味を言って終わり、もしくは何事もなかったかのようにスルーした。厳密に言うなら、約束の概念がしっかりしているママさんのほうがそうでないママさんより多かったし、会社勤めをする中で出会った人たちの中にも約束の概念があやふやな人はかなりいた。けれども、そういうときに現れる主婦と会社員の許容度の違いのせいで、私の脳内では主婦の世界のほうが約束の概念があやふやなものとして位置づけられた。

その次に慣れるのが大変だったのが「忠告」文化。外見のことから夫への接し方まで、ありとあらゆる忠告がひっきりなしに飛んできた。こういった忠告は「よかれと思って」という親切心のかたちをとっているが、結局は、貧富の差からくる結果を強調することになったり、家父長的な視線で相手を断罪する雰囲気をかもし出し、少なくない不快感を誘発した。けれども、ほかのママさんたちは特段の反応を見せないので、すると私も「私が神経質になりすぎなのかな」と思って、イライラする心をおさえこんだ。そうしてムカつくことにも平然と対処する方法を身につけはしたが、胸にこびりついた疑問は消えなかった。私が今いる場所はどうしてこんなに違うんだ？　会社勤めをする中で出会った人たちと、今ここでこうして対面している人たちとは、どうしてこうも違う感じがするのだろう。その答えを見つけたのは、それから10年の歳月が経って、アメリカのある社会学者の著書を読んだときだった。

ソースタイン・ヴェブレンの『有閑階級の理論』が出版された当時、アメリカはロックフェラー、カーネギーといった資本家に代表される奢侈と享楽の時代の真っただ中にあった。社会の指導層は「一生懸命働いて、世の富を築き上げる者が神の思し召しにかなった者」というプロテスタントの教理を説き、人々に一生懸命働くことを勧めたが、実際に富の大部分を握っている上流階級は、財力をひけらかし、獲得した特権を強固にすることに余念がなかった。ヴェブレンはかれらを「有閑階級」と名付け、かれらの生態に着目する。お金の力が日増しに強大になっていく世の中で金持ちが見せる偽善と破廉恥さをひとつひとつ暴いていく。「社会の指導層」と呼ばれる少数の資本家は、一生懸命働くどころか、ほかの人たちが頑張って築いた成果物を掠奪して手中に収め、それを誇示するのに忙しかった。ヴェブレンはこうした上流階級のありようを、「掠奪文化」が始まった原始時代から続いてきた特権階級の慣習であると指摘し、かれらの主な仕事は「働かなくてもよい自分の特権を洗練されたかたちで見せること」だと言い切る。数千年前、農業の発達により余剰生産物の蓄積が可能になった時代から、かれらは統治・戦争・狩猟・宗教といった、衣食住のための日常的な労働とは関係のない分野に従事した。生産に携わらない「名誉ある」分野に身をおいて、労働者たちが収穫した穀物や品物を収奪していたのであり、そのような習わしは数千年が過ぎた今も変わらずに続いている。今日《こんにち》の社会において上流層と呼ばれる人たちがどこに身をおき、どこに関心をもっているかを考えれば、ヴェブレンの論理は現代社会に当てはめても全く遜色がないことがわかる。

他人が汗水たらして命がけで作り出した成果物をひょいとさらっていくことを生業とするという面で有閑階級は犯罪者と同一線上にあると評価する、この辛辣な社会学者の著書において、女性は、そういう裕福な有閑階級の男たちが見せびらかしに動員する「手段」として登場する。有閑階級の起源をたどるために原始時代にまでさかのぼる最初の章から、女性は徹底して「掠奪の対象」あるいは「交換の対象」として描かれ、このような女性の姿は、各章の展開を通じて有閑階級を冷笑し嘲弄するあいだじゅう一貫して出てくる。裕福な男性の時間とお金を「代行消費」したり、やせた体を保つことで「夫がひとつも働かなくてよい妻をしたがえているという事実を証明する」ための人生を送る女たち。

ハイヒール、スカート、非実用的なボンネット、コルセット等々、着心地のよさを無視するあらゆる小道具は、文明国の女性の服装に見られる顕著な特徴である。これらのものは、現代の文明化された生活様式において女はいまだに理論上は男に経済的に依存していること、経済用語で言えば男の動産であることを証拠だてている。女たちが閑暇や服装をこのように見せびらかすのは、ごくありきたりな理由からだ。要するに彼女たちは、経済的機能が分化する過程で主人の財力を証明する仕事を割り当てられた使用人にほかならないのである。[*1]

どこから見ても自分の考えと意志をもったひとりの人間には見えない女性たちの姿が出てくるたびに苦い気持ちになったが、有名と言われる男性社会学者の著作物を広げると決まってぶつかる現象なので、ぐっと我慢した。不快だが、どうしろというのだ。１８５７年に生まれ、物質的な不足など身近に感じたこともない既得権階層の男性（ヴェブレンはノルウェー系の名家の子孫だった）の限界だと思うしかない。女性を見下す視線が混じっているからといってこういった本を閉じてしまうなら、世の中に読める本など一冊も残らないだろう。だから、冷静に深呼吸して、次へ進もう！

女性が見下された姿で登場するたびにびっくりする自分をなぐさめながら読み進めていった私は、ある箇所に至って、そのような努力が報われた。それはまさに次の一節だった。

宗教儀式を婦女子に任せるこうしたアメリカ固有の男女の役割分担の一因は、中流階級の女性が代行を期待される有閑階級だということに由来する。これより下の職工階級の女性にも、やや度合いは小さいながら同じことが当てはまる。女たちは産業発展の初期段階から受け継いだ身分制度の下で暮らしており、全体として古代の価値観に近い精神性や思考習慣の枠組みを維持している。しかも産業活動に直接関与するわけではないから、現代の産業にとって邪魔な古い思考習慣を放棄する理由がない。言い換えれば、文明国の女性がことさらに信心深いのは、恵まれた経済事情のおかげで保守主義であることの表れなのである。現代の男性にとって、家父長制の身分関係は、もはや日常生活において重要な要素ではない。だが女性、とくに上位中流階級の女性は、規範や経済的事情により女の領分である家庭に閉じ込められているため、生活の中で身分関係の重みが大きく切実である。[*2]

第12章、すなわち宗教儀式を扱った章の中盤に出てくる箇所だ。ヴェブレンは聖職者と女性、使用人を、有閑階級を「代行する」階級と呼んでいるが、抜粋した箇所では宗教活動の大部分を聖職者と女性が担うことになった理由を説明している。ここを読んでいるとき、ある光景が頭をよぎった。聖堂や教会、寺などの宗教施設でよく見られる光景。すなわち、ひとりの男性が前で儀式を執りおこない、多数の女性信徒が彼を手伝う補助者として働いたり、信徒として座っている光景だ。私はしばらく考えにふけったのち、ゆっくりとうなずいた。そういうことだったのか。10年近い歳月のあいだ未解決のままずっと胸に抱いてきた疑問に対する答え。専業主婦の世界を読み解く糸口が少しずつ見えてくるようだった。

私が属している世界、そう、主婦の世界は、それまで私が属していた世界とは完全に異なる世界だった。それは、資本主義の時空が食い込んできていない、もしくは、わずかに食い込んできてはいるが中心部分はほとんど侵されていない、ある意味、中世に近いと表現できる場所だった。お金ではなく「関係」が中心となるところ。物質より「精神」が重要視されるところ。それゆえに宗教が大きな比重を占め、影響を与えうるところ。それが、会社を辞めてきたばかりの私が居心地悪さを感じた理由であり、同時に、その世界に身をおいていて安らぎや感動のようなものを感じる理由だった。お金を払わなければ生活に必要なものをなにひとつ手に入れられない世界に住みながら、自分がした仕事、すなわち家事に対しては一銭ももらえない人たち。尊敬する人物第1位に李舜臣《イ・スンシン》【朝鮮時代の将軍。豊臣秀吉の文禄・慶長の役の際に水軍を率いて活躍し、韓国では英雄とされる】や世宗《セジョン》大王【朝鮮時代の第4代国王。それまで漢字のみを使用していた朝鮮において民衆にもわかりやすい独自の文字「ハングル」を作り上げた】ではなく、スティーブ・ジョブズやビル・ゲイツのような企業家が選ばれる時代を生きながら、無報酬でおこなう自分の仕事を「仕事」と言えない人たち。こういった専業主婦が立っている空間は、資本に占拠された世界からかけ離れたところにぽつんと存在する世界、愛と献身の名で華やかに彩られているが、実は疎外感と荒涼感でいてもたってもいられない人たちが息を切らして日常をつむいでいく「離れ島」だった。

資本主義の代表とも言える「企業」というところで10年以上働いてきた私が、そんな離れ島のような空間で出会った人たちに異質感を覚えるのは当然だった。10年も会社で過ごせば、徹底的に資本化された世界の概念を身につけることになる。なにがあっても決められた時間には出社すること、食事代は一の位まで割り勘にすること、担当する業務は体がボロボロになっても責任をもってやること、といった概念を、毎日毎日体に刻み込んでいくという意味だ。そして、こうした概念を身につけた人は、それが疑う余地のない宇宙の真理、人であれば当然身につけるべきエチケットだと考える。専業主婦2年目に入った私が時間と費用の概念が明確でない人たちに接して当惑したのには、そういう経緯があったのだ。しかし、ハリネズミのようにトゲトゲしていた私の心は専業主婦3年目、4年目になるにつれて次第に和らいでいき、ついには、会社を辞めたばかりの新米専業主婦が約束の概念があいまいなほかのママさんに盾ついているときに、「しょうがない。子育てしてたらそういうこともあるよ」という言葉を投げかける離れ業を使いこなすまでになった。

面白いのは、自分の気持ちが変化してきた歴史を、ヴェブレンの前掲の箇所を読んではじめて把握できたことだ。専業主婦になりたての頃、約束を守らないママさんたちを敵視してきた私は、時間が経つにつれて態度が軟化してきただけでなく、そんな風に「適当に流す」人たちがなんとなく好きになり始めた。約束時間を守らなかったり、お金の計算がルーズな人たちはたいてい「人間性」が優れていた。めったなことでは怒らず、相手のミスもたいていのことなら善意で解釈し、誰かが困っていればなんとかして助けようとした。最も感動したのがこの助け合いで、約束の概念があいまいなママさんたちは「つきあいの限界ライン」という概念もあいまいなのか、知り合いの知り合いの、名前を聞いたことがあるだけの誰々さんが2人目を出産したと聞けば肌着を買って贈ったり、誰々さんちの義理のお父さんが亡くなったと聞けば、少額でも必ずお香典を出した。私にはとうてい理解できないことだった。私は、自分が与えたものをいちいち記憶しておき、それに見合った分を返してもらえなければ悔しがるタイプで、「親しい」と設定した範囲外の人たちにはなにかをしてやる必要が少しもないと固く信じて生きてきたので。最初は、これはまたなんたるお節介だろうくらいにしか思わなかったが、時間が経つにつれて、彼女たちの心遣いにひそかに感動を覚えるようになった。そして、いつからか、私も彼女たちの行動をこっそりまねし始めた。

もちろん、約束の概念があいまいな人たちが全員ヒューマニティの化身だったわけではない。中には計算にもルーズで人間性までひどく、どう頑張っても好きになれない人たちもいたし、反対に、時間とお金の計算において見事な正確さを誇るが、人間性の深さと親切心の範囲まで他の追随を許さない、仏のような人もいた。要するに、資本主義社会から派生するさまざまな特性（あるいはその逆の特性）をそれぞれ異なる割合でもった各種各様の人たちが私の前に現れたのだった。そして、私は徐々に、その広い世界で、各個人がもつそれぞれの経歴とその品性・個性とを切り離して考えられるようになった。

前掲のヴェブレンの一節を書き留めて何度も読み返していた私に、ある年の春、ふと、この一節が当てはまるのは主婦たちの世界だけではないのだな、と思う出来事があった。「期限内に原稿を送ってくれてありがとう」と編集者が電話をかけてきた日だった。編集者から「こういうのは本当に珍しい」とほめられて、私は肩をそびやかして言った。「私、一度も締切りに遅れたことがないんです」。なにがあっても締切りを守るというのが作家としての私の唯一の強みだとうそぶいていた頃だ。「作家も社会人なんだから、約束を守るのは基本でしょう！」と言うと、編集者がこう返してきた。「それでも最近は締切りを守ってくれる作家さんが増えましたよ。○○さん、△△さんもいつも守ってくれます」。そして、社会生活をしていた作家たちはたいてい締切りをよく守ると付け加えた。締切りに遅れるのはだいたい学校を卒業してすぐ専業作家生活に入った人たちだと。それを聞いた瞬間、『有閑階級の理論』の一節が思い浮かんだ。「産業過程と直接的かつ有機的な関係を結んでいないので……」。そして思った。先ほどの発言を撤回したいと。自信に満ちた自分の音声をすべて呼び寄せて、誰も見ていないところに捨ててしまいたいと。

その電話のあと、締切りをよく守る自分を誇らしく思っていた心がすっと引っ込んだ。

編集者は原稿を期限内に送った私をほめてくれたが、実生活では私と親しくなかった。仕事で会って何度か食事をしてお茶もしたし、メールと電話を何度もやり取りしたけれど、プライベートでは少しも親しくならなかった。その人がプライベートで親しく付き合っている作家はみな、学校を卒業すると同時に専業作家になった人たちだった。締切りも守らず、ともすれば雲隠れするその作家たちと幼なじみのように仲良く付き合っているので、仕事をとおして出会ったかれらが一体どのようにしてあんなに親しくなったのか、とても不思議でうらやましかった。なぜ私にはちっとも心を許さないのに、かれらにはあんなにホイホイ許すのか！　ヴェブレンの著書を読んで世の中がまわる条理を新たにひとつ知った今、当時のわけがわからなくて嫉妬する気持ちが少しほぐれていくのを感じる。人と人が親しくなるのに必要な要素はなにで、その要素に資本主義がどんな影響を及ぼすのかというのが、なんとなくつかめてきたように思う。論理的にはっきりと説明できない、ある塊の存在をずっしりと感じる。

私は今、主婦はみな時間の観念が曖昧だとか、社会生活をせずにすぐに専業作家になった人たちはみな締切りを守らないと主張しているのではない。実生活において大部分の主婦が約束をきちんと守るし、卒業してすぐに専業作家になった人の大多数が締切りをしっかり守る。ただ私は、主婦の世界と作家の世界は約束の概念が徹底していない人々を包容する「程度」が特別であると認識しているのだ。自分の時間、自分のお金の境界の外にいる他人も寛大に受け入れる人たちの世界を。

私が「主婦の世界」だと考えていた世界は、実のところ「非資本主義的な社会」だった。私が「人間であれば当然守るべきエチケット」だと考えていた規範は、実際は「西洋の資本主義社会から派生したエチケット」だった。もともと集団をなして生活していた人々をバラバラにし、各自稼いで生きていかなければならない個人としてアトム化された資本主義社会では、雨が降ろうが雪が降ろうが、ＰＭ２・５で空が覆われようが、決まった時間に仕事場に現れ、自分が消費した分に対し正確に支払いをする習慣が重要だろう。体制維持のために必ず守らなくてはいけない習慣のはずだ。そんな社会において利益を創出する組織に属して生活を営む人にとっては、組織生活を通じて資本主義のエチケットを身につける機会がなかった人たちを理解するのが難しいだろう。どうやって理解するというのだ。身近に接したことがないのに。組織に属し、「基本的なエチケット」を徹底して守る典型的な人間のひとりだった私は、「専業主婦」になってはじめて、そういう風に生きていない人たちに接した。困惑したが、次第に慣れ、あるときからは、珍妙に感じた習性の一部を自分のものとして取り入れた。そして、それから10年の歳月が流れてヴェブレンの本に出会い、自分に起こったことがなんだったのかを理解した。当時私に起こった変化はどこに起因しており、自分がどんな世界からどんな世界へと移ったのかを。そして、1冊の本をとおしてようやく「別の世界」と呼べるようになった世界が、私のまわりだけでなく至るところに散在しているという事実——お金と計算を軸にしなくても日常を営める人が思ったより多いという事実を、編集者と交わした電話をきっかけに理解した。

＊1　ソースタイン・ヴェブレン『有閑階級の理論』（村井章子訳、ちくま学芸文庫、2016年）210ページより引用
＊2　同331ページより引用

もう一度あの頃に戻るとしたら、やっぱり会社を辞めるだろうか

レスリー・ベネッツ『女にとって仕事とはなにか』
(*The Feminine Mistake: Are We Giving Up Too Much?*)

久々にママ友4人で集まった席だった。総勢8人の子どもに夕食を食べさせたあとの、テーブルを囲んでのティータイム。母と呼ばれる女性たちの日課のうちで最も甘美な瞬間を迎え、私たちはおしゃべりに花を咲かせていた。

「就職したい！」

われもわれもと各自の近況を話していたとき、あるママさんがいきなり言った。

「私も！」

隣にいた別のママさんも続いた。

「私も！」

向かいに座っていたママさんも負けじと言った。私はそっとみんなの様子をうかがった。

突然の話題転換に、待ってましたとばかりに「私も、私も」と連発する空気に若干驚いた。

「○○さん、働きたいの？」

私だけ黙っているわけにいかないので、言い出しっぺのママさんに尋ねた。

「当たり前じゃん。会社勤めがしたいよぉ」

「○○さんは今もしてるじゃないの」

彼女は夫が運営する会社で経理の仕事を手伝っていた。毎日ではなく、週に3～4回出勤して少し働くだけだったが、私たちの中で勤め人——家ではない別の場所に定期的に出かけて働いている人は、そのママさんしかいなかった。

「夫の会社じゃなくて、本当の会社。ちゃんとした会社に入って、正式に働きたい」

長いため息とともに彼女が話し出した。子どもたちもある程度大きくなったので、そろそろ社会に出て働きたいと。息が詰まりそうだと。

「市内にある会社。たとえば支庁の近く？　もしくは孔徳洞《コンドクドン》とか。そういうところで」

具体的な地名が出てくると、ほかのママさんたちもあとに続いた。

「どうせ働くなら、私は江南《カンナム》がいいな。三成洞《サムソンドン》とか」

「江南はここから往復だけで3～4時間だよ。私は近いところがいいな。30～40分で行けるところ」

　話題は会社に入った場合にもらえる年俸・休暇・福祉、通勤に着る服へと広がり、社員証を首からぶら下げ、カツカツとパンプスのかかとを鳴らして歩く具体的なイメージにまで想像はふくらんだ。

　私はうなずきながら、みんなの顔を見まわした。将来通う会社を想像して、どんどん話を進めていくママさんたちを。やや理想がすぎる（年俸1億ウォンにガソリン代まで支給されて、出勤・退勤時間も自由な）夢の会社について語る彼女たちの目は興味で輝き、唇は柔らかい曲線を描いてせわしなく動いた。ぱっと明るくなるという表現はこういうときに使うんだなと思うような、そんな顔を見ていたら、胸の奥がじんとした。

「あなたは会社勤め、イヤ？」

　黙っている私を見て、ひとりが言った。

「イヤなわけないでしょ。したいと毎日思ってるよ」

　すると彼女たちは、「あなたは作家なのになんで会社なんか行くの。私はあなたみたいに自分の名前で本を出せたらもう望むことはないのに。会社にしばられずに家で自由に仕事ができてどんなにいいか」と、デキるフリーランサーへと話題を変えた。

私は「作家といえば聞こえがいいが、実体のない仕事だ。ろくな収入にならないし、虚栄心ばかり強くなる。昼も夜もひとり机に座ってする仕事なので孤独でおかしくなりそうだ」という、ちんけな作家が毎日口にする愚痴を並べて、それとなく別の話に移った。

夜9時。みんなが子どもたちを連れてそれぞれの家に帰ったあと、洗いものをして、散らかった部屋を片付けているあいだも、先ほどの会話が頭から離れなかった。就職したい。私も。私も。

最近になって、誰々のお母さんが就職しただの、お店を出したという話、資格を取りに通っているという話がよく聞こえてくる。上の子が中学2年生、下の子が小学4年生。そろそろそういう時期が来たのだ。子どもに手がかかり、働きに出るなんて考えるべくもなかった時期が過ぎ、子どもたちも少しずつ自立して、母親がもう一度自分の「仕事」を考える時期。いわゆる「経断女」【経歴断絶女性の略で、結婚、妊娠・出産、育児のために仕事を辞めた女性のこと】となって家にはりついていたが、再び世に出るために窓を開けて外をうかがいだす時期。自分が人生のひとつの角を曲がって新しい道に入ったということを、この日、ママ友たちの言葉をとおして知った。外に出て働きたいという漠然とした願望の言葉をとおして。

「外に出て働くこと」、すなわち就職に対する専業主婦の反応は2つに分かれる。ひとつは、子育てをしながら家のことに専念する今の生活がいいという反応。もうひとつは、家を出て会社で働きたいという反応。子どもが小さいときに出会った母親たちのあいだでは、前者が優勢だった。子どもたちがまだ小さいからそばにいてあげたい。子どもたちと夫の面倒を見るのが私の幸せだ。専業主婦としての暮らしに満足している。母親が働いている子どもを見るととてもかわいそうだ、などなど。働きたいと言う人もたまにいたが、主導権をにぎるのはだいたい、専業主婦でいるのがいいという意見だった。会社員生活を切望していた私はいつも口癖のように「働きたい」と言っていたのだが、そのたびに「家で家事だけしていたくてもできない人たちもたくさんいるんだよ」という言葉が飛んできた。つまり、お金を稼ぎに出かけなくてもよいことに感謝して、一生懸命家事にはげめという意味だ。そういうとき、私はすぐに口をつぐんだ。慌てた様子を見せずにその場を乗り切ったが、心にはなにか後味の悪いものが残った。私が相手を攻撃してしまったような感じと言おうか。外に出て働きたいという言葉は、今の生活が嫌いだという言葉として、同じ専業主婦である相手を見下した言葉として聞こえた可能性がある。その人は、子どものために全力を注ぐ自分の生き方に冷や水を浴びせられたような感じを受けたであろう。

私は、10余年前に出会ったママさんたちが働きたいと騒ぐ私を白い目で見た理由が、最近になって出会ったママさんたちの就職したいという声を聞いてようやくわかった。まだ小さい子どもがいる母親たちにとっては、そんな言葉を聞かされるのは拷問のようだっただろう。「可能でないことをどうしてわざわざ口に出すの？」、「どうせやるんだったら、気分よくやりたい」、「私の選択と私の人生を無価値なものにされたくない」、そんな気持ちだったのではないか。なのに、自分の欲望にしか目が向いていなかった私は、空気も読まず、かれらの前でまくし立てていたのだ。働きたい！　外に出て働きたい！　息が詰まって死にそう！

ママ友たちの会話に「就職」という話題が出てきても大きく意見が分かれない状況を体験してはじめて、私は気づいた。普通の人は、その分野の扉が開いて、可能性が直接視野に入ってくるまでは願望を口にしないのだ、ということに。これは現実的な就職の可能性を言っているのではない。それよりも、母親たちに時間の余裕ができたという、もう24時間子どもにつきっきりでなくてよい時期が来たのだという面での可能性。要するに、求職者の心構えの面での可能性のことだ。使える時間が増えるにつれて、手を伸ばせる範囲が自動的に広がったということ。実質的な就職手続きはまだレーダーに引っかかりもしなければ、そもそもレーダーをオンにしようという意志すら生まれていなかっただろう。新しい局面を迎えたのは、ほんのつい最近だから。

これは社会通念と正確に一致する。社会は、赤ん坊を抱える女性に向かって「家に入れ」というサイレンを鳴らしまくるが、母親として生きる十数年が過ぎ、母親以外の別のアイデンティティを求めだすと、冷たく突き放す。「家に入るところまではよくできました。でも、その後のことは私の知ったことではありません」と言っているようなものだ。子どもが母親よりも同年代の友だちと過ごしたがる時期が来たら、母親は自分で家を出なければならない。給料が出産前の3分の1になろうが、あるいは、そんな仕事にさえもつけず、あちこち転々とすることになろうが、それらはすべて各自が解決すべき問題であって、社会は気にかけてもくれない。

もちろん、価値観や目指すところはそれぞれ異なるので、子どもが中学生になっても就職を考えない母親たちもいる。専業主婦の隊列に遅れて加わった人たちや、頑張って家庭と仕事を両立させてきたが最後の最後になって会社を辞めた人たちが代表的な例だろう。仕事と家事に追われて落ち着く暇もなく、心はいつもソワソワ、「私はダメな母親だ」という罪の意識にさいなまれてきた人たち。反面、会社員生活というトンネルなしに、すぐさま専業主婦になった人たちは「仕事」に対し渇きを覚え、大変でもいいから自分の仕事、自分の名刺がほしいという思いを胸に秘めている。そして、子どもが小学校卒業を迎えると、それをすっと口に出す。

私は2人目を妊娠してから会社を辞めたので、この2つの部類の真ん中あたりに属していたと言えるだろうか。もっと頑張ろうと思えば頑張れたけれども退職し、専業主婦になった途端に会社員生活に恋い焦がれた。夢の中で私は出勤する。あれ？　私、辞めたんじゃなかったっけ？　まだ私のデスクがある！　よかった！　ならば、私はあのときの選択を後悔しているのか。もしも当時に戻れるとしたら会社勤めを続けるだろうか。すぱっと答えられない。ずっと通い続けるのが正しいような気がするが、一方では、それでも辞めてよかったという思いもあり、首をかしげてしまう。

レスリー・ベネッツの『女にとって仕事とはなにか』の原題はThe Feminine Mistakeで、「女性のミス」という露骨なメッセージが込められている。「ビジネスジャングルよりも危険なスイートホームについて」という韓国語版サブタイトルがついたこの本は、女性が子どもを産んで会社を辞めるのは「致命的なミス」だと言う。仕事と育児という2つの課題を同時に抱えててんてこ舞いの女性たちは、つねに胸に疑問を抱いている。あんな赤ん坊をおいて会社に来ていていいんだろうか。赤ん坊を他人の手に預けて、いったいどれだけ稼ぐつもりなんだろう。そうして結局、会社を辞める。肉体的・精神的に耐え切れなくなって、子どもの世話をするほうを選ぶのだ。

著者は、女性のこうした選択が経済的な依存をまねくと言う。理由がなんであれ、どういった状況であれ、自分以外の誰かに長期間生計を依存するのは危険なことだと。夫がひとりで家族を養うのは、女性だけでなく、家族全員にとって危険だ。夫の失職、夫の心変わり、あるいは夫の突然の死といったリスクになんのガードもなくさらされることになるからだ。女性たちは赤子の泣き声に引きずられて退職していくが、長期的に見たとき子どもにとって致命的な要因としてはたらく「経済的な面」を見落としている。夫をとおして入ってくる生活費が途絶えたら、なにで子どもたちを食べさせ、教育するというのか。

女性が出産後も仕事を辞めてはいけない理由は、万が一ふりかかってくるかもしれない生計維持者としての役割のためだけではない。「仕事」がもたらすものは、一定額の金銭だけではない。仕事というものは、それをした人になにかをやり遂げたという満足感を与え、仕事から派生した人たちとの「関係」を与えてくれる。「誰々のお母さん」ではなく自分の名前で呼ばれ、課された仕事をし、その成果によって他人に認められる経験は、その心の中にひとつずつ積み重なり、セルフイメージを高める。自分は有能な人間だ、社会に属して自分の役目をまっとうしているという確信を胸に、生き生きとした毎日を過ごすことを可能にする。

著者は、母親の給料と子どものシッター代がほとんど変わらないとしても、仕事を辞めるのは賢明な選択ではないと一喝する。今は入ってきた分がそのまま出ていくように見えても、仕事を続けていれば給料はだんだん増えるし、シッター代は子どもの成長とともに減っていく。また、仕事は単純に「金稼ぎ」だけを意味するのではなく、ひとりの人間の能力を増幅させ、豊かな人間関係をもたらすものなので、いくら大変でも数年間は頑張って仕事と家庭を両立させなければならない。

子どもたちの反応も、母親となった女性が仕事を続けるべきであることを暗示する。子どもが「つねにそばにいてくれる母親」を求める期間は、せいぜい10年前後だ。成長するにつれ、子どもは次第に母親の手を必要としなくなり、一定の年齢になると「お母さんはどうして働かないの？　誰々のお母さんは学校の先生なんだって」といった言葉で母親の心を傷つける。とくに、娘をもつ母親の場合は、ロールモデルになるためにも仕事をしなければならない。最も近い成人女性である母親が外で働きながら自分だけの領域を守りつづける姿は、家で「母親としてのみ」生きる姿より、娘にとって望ましい女性像となるからだ。

女性が仕事を続けることは、家庭内の民主的な雰囲気づくりにも役立つ。母親が働いていれば、父親や子どもたちと家事を分担することになり、その過程で子どもたちは協働や民主的な意思決定を学ぶことになる。そうやって育った子どもは、他人と合理的に仕事を分担したり、葛藤に対処できる大人になる。

著者は、専業主婦を賛美し、外で働く女性を誹謗する社会的な雰囲気を辛らつに批判する。

私たちの文化は、男性が家の外で活動的で献身的な日々を送ることは当然のこととしながら、女性が四方を壁に囲まれた家の中での生活に満足できなければ、悪い母親、悪い人扱いする。このような社会的な雰囲気の中で、多くの働く女性たちは肩身の狭い思いを余儀なくされる。かれらはたいてい自分の能力や成果について沈黙する。仕事に対する情熱を表現することもはばかる。[*3]

この部分を読んで、自分の「ワーママ」時代を思い出した。「兼業主婦」と呼ばれた私は、ことあるごとに、生活費のために自分も働かなくてはいけないのだと強調した。私が「子どもをほったらかして」出勤するのはお金のためだと、あちこちで言いまくった。会社通いをするのは必ずしもお金のためだけではなかったし、仕事をとおして得られる満足感やさまざまな人づきあいがもたらす恩恵を内心楽しんでいたが、そういうことは絶対に口に出さなかった。暗黙的に伝わってくる社会の雰囲気を察知して、先回りして対応したのだ。著者によれば、こういう社会の雰囲気は、家事以上のものを求める女性の欲求をくじかせる。

それだけでなく、まだ社会に足を踏み出していない若い女性たちにも莫大な影響を及ぼす。こういった影響力に対するおそれこそが、著者がこの本を執筆することになった直接の動機でもある。

本の後半に、専業主婦と一緒に暮らすと知的に貧困になると考える男性の事例が出てくるが、この部分は、早々に専業主婦の道を選んだ者として胸が痛んだ。専業主婦を「頭がサビついて活気を失った」と表現する男性の事例を紹介したあと、著者が下す結論はこうだ。

専業主婦たちは、自分が家でしていることの価値を夫がわかってくれると主張する。しかし、女性の役割に関して正直に話すとき、ほとんどの男性が専業主婦を見下す傾向がある。男たちは妻の支えをありがたいと思いながらも、一方では女性を尊重しない。[*4]

この部分を読んでいたら、毎月きちんきちんと収入をもたらす夫とそうでない私とのあいだに生じた微妙な圧力や、私の支出行為に不満そうな顔をされて悔しくて夜も眠れず、「ケチくそ！　明日から自分で稼ぎにでてやる！」とこぶしを握り締めた瞬間の数々が思い出された。そうだった。自分名義の銀行口座に一定額を稼いでくるのは夫であり、経済的な決定はすべて夫が下した。うちの夫は家事もよく分担し、家の中のことを受けもつ私を尊重してくれる部類の人だけれども、そうだった。生活費をもらって暮らしながら、いつもとは違う特別な支出が生じたときに、言い訳をするように使いみちを説明するのはどれだけ屈辱的だったか。どんなに緊張したか。深刻に認識していなかっただけで、確かにそういうものがあった。上司から決裁をもらうような感じ。自分の安全が誰かの意志にかかっている感じ。散在していた、あのむずむずするようなイヤな感じを思い出し、私は何度も身震いした。

ほとばしる意欲と現実への嘆きを同時に生むこの本は、女性はどんな場合でも仕事を続けなければならないという主張で終わる。「ワーママ」のストレスを解決する方法は、仕事を辞めることではなく、男性が女性の家事の負担を減らしてやることだと言い切って。「女性が自分の職業・収入・経済的自治権を自由に維持できるようにしなくてはいけない」と目の前で断言されると、胸がスカッとし、一種の疑似満足を味える。力がわいてきて、今すぐにでも家を飛び出せばいいような気になる。

しかし、本を閉じて日常に戻ると、疑問がわいてくる。じゃあ、子どもたちは？　知らない人の手に預けられる子どもたちの気持ちは？　もちろん、著者の言葉はどこをとっても正しい。理想を言うなら、私も女性は家にいるより外で働くほうがいいと思う。経済的・精神的・心理的にそのほうがはるかにいい結果をもたらすだろう。けれど、現実に戻ってみると、ためらわれる。家庭は人類に残された最後の共同体ではないか。子どもがはじめて属する集団であり、おそらく最後の集団にもなる、そういう場所ではないか。ほかの誰とも共有しないものを家族は共有する。財産・身体・秘密・致命的な短所など、他人とは絶対に分かち合わないものを、現代人は唯一「家族」と共有する。私的所有権が他のどんな権利よりも優先する資本主義社会を生きながら、家庭内においてのみは「私のもの／あなたのもの」を区別せずに接する。私たちが「幸せ」を絵にしたときに、必ず家族と一緒にいる場面が入っているのは、こういった理由からだろう。家族は原始時代にあった「分け合い」の生活、つまり、誰のものかを問わず、狩りをしてきた肉をみな同じように分け合う原始共産制を実現する、地上最後の「共産主義」共同体であるから。計算抜きで「私」を差し出し、「あなた」を受け取る唯一の集団であるから。そして、専業主婦はこうした「家庭共産主義」を守る最後の砦だ。ひとりの女性が物質的な対価なしに「温かい心」を惜しみなく発揮してこの砦を守るべきという社会的な圧力がいくら不当であっても、また、ひとりの犠牲によって支えられる構造からくるさまざまな副作用と弊害を見過ごすわけにいかないとしても、現在を生きる私たちにとって、規範的な生活のかたち、共同体のかたちは家族しかない。代案は理論上でのみ存在するだけで、現実において具体的かつ安定したかたちで定着しているものはない。なのに、どうやってこれを放棄しろというのか。地上最後の共同体を守る役目をどうやって放り出すというのだ。

　もちろん、こういう役目と仕事を両立させることもできるだろう。高収入で、ある程度の福祉が整った会社に通う女性なら。しかし、現実にそういう女性はごく少数に過ぎず、残りの大多数の女性は、差別と侮蔑に耐えながら、交通費と食事代にもならない報酬をもらって生きている。学校のおたよりが送られてくるアプリの公式名称が「スクールマム【現在は「スクールトゥギャザー」に改称】」である（スクールダッドやスクールペアレンツではない）社会において、ワーキングマザーに対する公式的・非公式的な配慮がゼロと言える社会において、すずめの涙ほどの報酬のために女性が会社勤めを続けていくことが果たして可能だろうか。著者は、韓国よりも全般的に環境の整ったアメリカに住む、記者出身の作家だ。作品が海をわたって私のところまで来るほど影響力のある作家だから、きっと印税だけでも生活費をはるかに上回る収入があることだろう。著者がこのような現実を十分に考慮できていないのは、そういう環境のせいだろうか。私の疑問は、著者と私のそのような社会的・文化的な差のせいで出てきたのだろうか。

疑問がこだまするところはあるが、それでも、総体的に評価すると非常に有用な本だった。会社を辞めて専業主婦になった当時の自分を振り返り、いくつか因果関係のパズルがつながった部分もあるし、経済的自立に対する危機意識も心にしっかり刻みつけることができた。本の内容を全面的には受け入れないとしても、その一部を心の動力として、力強く踏み出すきっかけにすることはできるだろう。ここであらためて問い直す。もう一度戻るとしたら？　2人目を妊娠したあの頃に戻るとしたら、私はまた会社を辞めて専業主婦の道を選ぶだろうか。私はゆっくりとうなずく。著者の言いたいことはわかるし、ある程度共感するが、選択の瞬間がふたたび訪れても私は会社を辞めるだろう。後悔することになったとしても。

仕事と家庭の両立に苦しんでいる女性たちや、産休・育休を終えて職場復帰し罪悪感の嵐にさらされている女性たちに勧めたい本だ。相当量の罪悪感を取り払い、代わりに自信をもてるだろう。同時に、「家事と育児だけで暮らせてとても幸せだ」と強く信じている専業主婦たちにも、そっと差し出してみたい。強く信じていたものが、またたく間に消える蜃気楼に変わることもあるから。納得すると同時に妙な反感を覚え、それでいて、価値観の変化に気づく喜びを存分に味わうことになるだろう。

＊3　レスリー・ベネッツ『女にとって仕事とはなにか』（未邦訳、原題 The Feminine Mistake: Are We Giving Up Too Much?）韓国版196ページより引用
＊4　同238ページより引用

私はどうして料理が嫌いになったのだろう
ラ・ムンスク『専業主婦ですが』

今回は、全く毛色の違う本を紹介したいと思う。ラ・ムンスクの『専業主婦ですが』。どうだ。タイトルを聞いただけで、もうどんな本かわかる気がするだろう。しかし、この本はタイトルがにおわせるある予感を不思議と裏切る本だ。専業主婦という自分の肩書き、近所のママさんの肩書き、われわれの母親たちの肩書きを戦闘モードで擁護しようとするかのようなタイトルを掲げたこの小さな本は、徹底的に物質的だ。終始一貫、ものについて、あるいは生活の中で起こる具体的な行為について描写しているという点で。「桃の花」、「夏の庭」、「ひなげし」、「弱火で5時間」といった見出しのついた短い文章に、専業主婦の価値や正当性についての話は一切出てこない。

私は家事が好きでない。上手じゃないし、上手になりたいとも思わない。子どもたちに栄養のある食事を食べさせなくてはという目的意識に火がついたときは、一時的に「料理上手になりたい」という欲望につき動かされることもあるが、それが収まってしまえば、家事はまさに重荷や負担、したくないのにしなければならない天罰に変わる。

なので、こういう本を読むと、考えてしまう。私はなぜ料理が嫌いになったのだろう。なぜ掃除や洗濯と聞いただけで眉をしかめるようになったのか。生まれつき、そういうものが嫌いだったわけではない。私が「家事」と呼ばれる労働、自分と家族の衣食住をサポートするための毎日の労働が嫌いになったのは、結婚したあとからだ。結婚と同時にいく種もの家事が私の「義務」となり、多くの人たちが私にその義務を実行せよと、それも、きれいに化粧して笑顔で実行せよと勧告した。誰かに義務だと言われると、それをひどく嫌う習性のある私には、最初から結果が目に見えていた。これは成長過程で私が家事をあまりしないで育ったこととも関係があるだろう。私は姉がひとりだけいるシンプルな家庭の次女として育った。両親は性別を理由に差別をしなかったのはもちろん（差別する性別がいなかったので）、姉と私に同じ額のおこづかいをくれるほど、「公平」、「平等」を強調して私たちを育てた。わが家で不可能なことを可能にするには、一言で十分だった。「これは不公平だよ！」。すると、なんでも望み通りになった。私が公平だと言うまで、両親はあらゆる措置を取ったのである。もし私に兄がひとりいて、幼い頃から兄の食事の準備をして、兄が食べた皿を洗って、命令されたおつかいを文句を言わずにこなす妹として育ったならば、つまり、性別を理由に一定の家事に耐えるべきという社会化をされて育ったならば、結婚とともにたくさんの人から「これからお前はごはんを作って、洗濯して、掃除をすることを運命として受け入れなくてはいけない」と言われたとき、それほど反感をもたなかったはずだ。料理はまっぴらごめん、掃除もどうにかしないで済ませる方法を考え、洗濯物が山のようにたまっていても、自分がすべきまっとうな理由がなければ絶対に見向きもしない人間にならなかったはずだ。

この本の著者は、どうして私みたいにならなかったのだろう。どうしてあんなに料理を楽しみ、家事のひとつひとつに隠れた美を発見し、家のすみずみから生きている証拠を見つけ出す人になったのだろう。著者はもしかして、上に兄がいて、下に妹や弟たちがぞろぞろいる家の長女だったのだろうか。母親が性別役割分業を当然のことと考え、喜んで受け入れる人だったのだろうか。料理や掃除、洗濯を、イヤだけど仕方なくやらなくてはいけない仕事としてではなく、やるたびに自分が生きていることを感じさせてくれる生命力あふれる仕事として、ありがたく受け止める人だったのだろうか。

このあたりで告白しよう。私が一度も会ったことのない著者の家庭のことまであれこれ詮索する理由を。それは、この本を読みながら、私が一抹の敗北感、一抹の劣等感をもったせいだ。ひとまず、一段落紹介しよう。

完成した料理を前にテーブルを囲んだ人たちは、その料理を作るために台所にいた私の苦労がわかるかもしれない。でも、私が鍋の前で、ひとりで享受した楽しみに関してであれば、それは誰とも分かち合うことのできない、私だけのものだという事実に同意しなければならない。湯気のあがる鍋、お湯が沸きたつやかんと熱くなったオーブンのおしゃべりに囲まれていると、不確実な一日と目まぐるしく変わる時局への心配が消えていく。あたたかくなった台所は、焚き火を求めて人々が集まってきたように活気を帯びる。こわばった顔がいつの間にかほぐれ、心にも温もりが増す。[*5]

こんな文章を前にしたら、粛然としないわけにいかない。料理が与える喜びのとりこになった、ひとりの人。湯気が立ちのぼり、香りが混ざり、料理がアツアツになり、いろんなものがカチャカチャと音を立てる台所で、ひとりの人間が味わう没我の瞬間。こういった瞬間はいわばもう、ひとつの儀式だ。自分で自分に送る、生きていることに敬意を示す賛美の時間。私は台所という空間をこんな風に体験したことがない。こんな体験ができると想像したことも、体験してみたいと思ったこともなかった。台所はいつも私にとってイデオロギーだった。どうして私がここにいなければならないのか。本来私はここではなくて洗練された素敵なところに属すべき人間なのに、どうして私がこんな「些細な」ことに一生しばられなければならないのか。

反感に支配されて、自由になるチャンスを自ら封じてしまったと言おうか。しかし、遠大な理想と数々の詭弁、ほとばしる意気込みに占領されていた時期が過ぎると、冷たい風が吹いてきた。冷たいけれど清潔な、人をいっぺん大きく揺さぶって消えていく、そんな風が。そして、私はこう自問する。結局、私たちに生きる力をくれるのは小さなものごと、小さな瞬間、小さな出会いではないのか。世の中に不変の真理はなく、永遠の関係もない。存在するのは、今この瞬間の私、今私のそばにあるもの、今私のとなりで息をしている人たち、そして、これらのものと人と私が作り出す一瞬一瞬のみ。今起きている現象そのものに踏み込んでいかずに、どこかで見聞きした話に心酔し、今この瞬間をいい加減に過ごしてしまうほど愚かな行動がほかにあるだろうか。私は知ってしまった気がした。自分がなにを逃したのか。どんな喜びが飛び去ってしまったのか。それはすぐそばにあったはずなのに。

恥ずかしいが、告白しよう。専業主婦になった初期の頃、私は自分の肩書きに満足できなかった。主婦だなんて。この私が。主婦だなんて。子どもの頃、私は将来の夢に一度も主婦と書いたことがなかった。私は医師や弁護士、舞台俳優やCEOになる予定だった。食事を作って、掃除をして、洗濯をする行為で毎日が埋まる人になるつもりは、これっぽっちもなかった。なのに、それが私だなんて。これから永遠にそういう暮らしが続くなんて。イヤだ！　そんなのイヤ！　そんな気持ちでこれまで生きてきたことに、この本を読んで気づいた。

この本が専業主婦として生きる人生を言葉巧みに擁護していたならば、専業主婦の人生も価値があり、自分は専業主婦であることが誇らしく満足していると声高に叫んでいたならば、私はこんなにも痛烈に言い負かされはしなかっただろう。この本の著者は、そういうことは一言も言わない。むしろ、自分は家事を言い訳に自分の中の別の自我を放置しているかもしれないという自覚をほのめかす。にもかかわらず、この本をとおして私が二分法的で手厳しかった自分自身を省みることになったのは、著者が自らを徹底的に事物と密着させているからだ。小さなものごと、小さな日常の瞬間に自分を密着させ、その瞬間とひとつになるテクニックを巧みに見せてくれるからだ。

不思議だ。私は暇さえあれば「女性は家事から解放されて、自分の仕事を見つけるべきだ」と騒ぎ立てる人間だ。おそらく、これからもそういう種族として生きていくだろう。なのに、『女にとって仕事とはなにか』よりもこの『専業主婦ですが』に深い共感を覚えた。こんな風に生きてみたいとまで思った。それは、私が女権の強くない韓国に居住して、専業主婦として長く生活し、今も作家という見栄えする衣をまとってはいるがアイデンティティの8割が主婦である暮らしをしているためだろうか。それとも、価値と正当性を主張して説き伏せようとする文章より、ものごとの描写を主とする著者の淡々とした文章が私の好みに合っていたからだろうか。

けれど、それにもかかわらず、やはり疑問がわく。心にないことは決して口にしそうにないこの著者、言葉よりも行動と実践でメッセージを伝えてきたであろうこの著者も、実はむかっ腹が立つ瞬間があったのではないだろうか。退職した夫の三度の食事をすべて用意し、皿洗いまでしなくてはいけない状況を不当だと思ったことがあるのでは？　ほかの人は定年になれば退職するが、主婦のそれはいつ来るのか。主婦はそういうものなしに一生働かなくてはいけないのか。それはあまりにも不公平じゃないか。こんな思いを抱いた瞬間が著者にもあったのではないか。

＊5　ラ・ムンスク『専業主婦ですが』（未邦訳）55ページより引用

Ⅱ

問題の核心は“カネ”

私が生きている世界はどんなところか
カール・マルクス『資本論』

お金に関する小説を構想していたときのこと。ストーリーを組み立てながら読むべき本をリストアップしていったところ、『資本論』も出てきた。カール・マルクスの代表作である『資本論』は、それまでも何度も必読書リストに入っては、難しすぎるという理由で毎回はじかれてきた。しかし、今回ばかりは外せなかった。お金に関する小説を構想する者が『資本論』を避けてとおるなんて。いくらズルい手を使おうにも、それはありえないことだった。結局、読まざるをえないという事実を素直に認めることにした。そして検索に突入した。どこかにこれをわかりやすく解説してくれる講義はないものか。

さいわい、それがあった。ソウルのはずれに住む私からしたらとても遠い場所ではあったが、とにかく、ソウル市内で『資本論』の講義が予定されていた。遠いのがなんだ。電車とバスを何度か乗り換えるのがそんなに大変か。『資本論』を解説してくれるというのに。存在するというだけでも御の字だった。

今思えば、「天運」と言っても過言ではない。私が申し込んだ講座は週に2回。1回は講義を聞いて、もう1回はゼミ形式で進める多少ハードなコースで、最後には小論文を書いて発表する時間が予定されていた。勉強する機会を見つけるや、すぐに入金に踏み切った。なにかをするにはまずはお金だということを40年ちょっとの人生経験をとおして十分に知っていたので。

『資本論』は、お金を投資してものを作り、それを売って利潤を残す体制、すなわち〝資本主義〟を説明した本だ。このうえなく有名なこの本は、経済学をやれば必ずどこかの曲がり角で出会い、社会学をやってもあるポイントで出くわし、哲学をやっても予期せぬ瞬間に相まみえることになる。古典と呼ばれるその他の本がそうであるように、ズバリどの分野に属すると言いがたい、洞察力に満ちた本だ。個人的には「文学的色彩が加味された経済科学書」に近いと定義づけたい。推理小説のような雰囲気が漂う科学書だと。この本は、読み解いてさえしてしまえば、本当に面白い。ただ、序盤に難解な数式がたくさん出てくるので、その面白さを味わう前に投げ出す人たちが続出する。さいわい、私は教えてくれる先生や一緒に勉強してくれる人たちのおかげで、この手ごわい本を最後まで読破することができた。

『資本論』に手を伸ばした当時、私は43歳だった。そこではじめて、自分が属している世界、すなわち「資本主義体制」がなにを意味するのかを理解した。それ以前にも「お金」が重要だとか、「お金」がこの世を支配しているということは知っていた。しかし、それはすべて漠然とした認識だった。『資本論』を読むことで、お金がなぜ重要なのか、お金が人類の暮らしをどのように変化させたのかをはっきりと理解した。お金がどういうルートで私たちの人生を支配しているのかも。

マルクスは『資本論』をとおして教えてくれる。利潤を創出し、その利潤でさらに利潤を生みだし、雪だるま式に増やしていくこのシステムがまわり続けるようにしているキーパーソンが誰なのか。それはまさに「労働者」という人物だ。「労働者」は、労働手段をもった「資本家」が自然から得た天然資源を加工して「商品」を作り出すのに肝心な役割を担う。資本家が指定した場所に行って、自分の肉体を使って石炭や繭などの天然資源をお金と交換可能な「商品」に作りかえることで。このように労働者が作り出した商品はもとの資源よりも高い値段で売られていき、労働者は天然資源と販売された商品の差額の一部分を、労働力を提供した対価として受け取る。資本家は労働者に一部を支給して残った分を所有し、それを再投資する。このように資本家が労働者をとおして商品を作り出し、それを売って利益を手に入れるプロセスが繰り返される。これが繰り返されるほど、資本家の富は増幅し、労働者は一定の場所にとどまって労働力を売らなければ食べていくのが難しい状態が固着する。

重要なのは、労働力を提供し、資本家が利潤を手に入れるための肝心な役割を担った労働者が、商品を買う「消費者」としても活躍するという事実だ。「消費者」は、商品を売って利潤を獲得し、それを再び資本として投資する過程になくてはならない、もうひとりの重要人物だ。労働者は、資本家が自己資本を投資して商品を作り、利潤を残し、その利潤を再投資する過程において絶対になくてはならない2つの重要な役割を果たす。すなわち、(1)自然から得た材料を商品に加工する労働者の役割と、(2)生活に必要な食料品や衣服を購入することで、資本家が商品をお金に換えられるようにする消費者の役割を。資本主義という体制をまわしている最も重要なメンバーは労働者（＝消費者）であるわけだ。

資本主義をまわしている中心メンバーは資本家だと考えてきた私には、驚愕の展開だった。お金がお金を生んで規模を拡大するのに労働者が決定的な役割をしているという事実も驚きだったが、このようなシステムが歴史の流れ上「当然の」過程として発展してきたものではないという事実にも驚いた。学校で私たちは習わなかったっけ？　人類はまわりの人たちと物と物を「交換」してそれぞれの必要を満たす「原始時代」を生き、そこから次第に発展して、物を売り買いする制度を作り出すに至ったと。「資本主義」は人間の物々交換がだんだん発展してたどりついた最終段階だと。『資本論』はこの論理をこっぱみじんにする。「資本主義」は決して自然に展開された人類発展の結果ではなく、お金で人の労働力を売買する体制は強欲さから意図的に始まった「人為的極まりない」体制だという事実を、科学的・歴史的・哲学的な見地から克明に見せてくれる。

考えてみろ。私たちが「資本家」と呼ぶ人たちのことを。かれらはどこからやってきたのか。かれらが所有する「資本」、すなわち財産は最初どのようにして生まれたのか。神が太初から「この土地は資本家誰それの土地なり、この天然資源は資本家誰それのものなり」と命名したはずはなく、土地と水と天然資源という地球の一部が特定の人の所有になる過程には、絶対になんらかの事件があったはずだ。『資本論』は、私たちが当たり前だと考えてきたその概念、資本家の「資本」、最近の言葉でなら「シードマネー」と言える、そのまとまったお金の出どころを暴く。それは、搾取、窃盗、あるいは強盗から来たのだ。村で何百年にわたって共同で使ってきた空間に柵をめぐらし、「今からこの空間は私のものだ」と宣言したのち、それに異をとなえる人たちを根こそぎ消してしまうやり方で。あるいは、長い歳月にわたって土地を切り拓き耕してきた人たちを一挙に追い出し、都市に行って低賃金の工場労働者として就職しなければ食べていけないようにするやり方で。

もともと私は、『資本論』は社会運動に従事する専門の活動家たちが読む本だと思っていた。世界の労働者に団結せよと呼びかける扇動的な本だろうと。自分の心身の健康しか頭にない私のような俗物は、読む必要がこれっぽっちもないだろうと。実際にこの本と出会ったとき、それが完全に間違いだったことに気づいた。『資本論』は労働者に団結せよと呼びかける本ではなく（それは『共産党宣言』）、資本主義の概念を教えてくれる本だ。資本主義体制の根本を暴き、作動原理と発展過程を鮮明に見せてくれる。この本を一通り読めば、わかるようになる。どうして会社で会う人たちとのお金の計算は自然なことなのに、家族間でのお金の計算はあんなに気まずくて罪なことに感じるのか。どうして人々は毎日出勤して頑張って働いているのに、食べていく心配から解放されないのか。どうしてある人は体が壊れるほど働いてもまともに生計を維持することさえ難しいのに、誰かさんは普通の家のチョンセ金【入居時に大家に払う高額の保証金。ソウル市内のマンションのチョンセ金は平均6億ウォン（2021年現在）。かわりに月々の家賃が免除され、退去時に全額返還される韓国特有の賃貸システム】にも相当する服を身にまとって歩いているのか。

資本主義のエンジンをひとつひとつ分解して作動原理をのぞいてみたら、なにげなく接していた現象の基底にある因果関係がはっきりと見えてきた。それまでは、景気低迷だとか不況だとかいう言葉はどうして忘れた頃になると聞こえてくるのか（いっつも不況だって！）わからなかったが、今はその理由がわかる。それは資本主義という体制内にすでに不況の芽が存在し、いつでもぱあっと花を咲かせる態勢が整っているからだ。コンクリートの塊に過ぎないマンションがどうして何億ウォンもするのか、価格はなぜ一向に下がらないのかも理解できた。それは、すでに全世界が資本主義の磁界に入ってしまったからだ。天然資源をガバガバ吸い上げて商品を作り、さらにその商品を売って利益を手に入れる「植民地」状態の土地がもはや存在しないため。地球全体が資本主義化したことで資本が以前のように大きな利益を創出するのが難しくなり、今や人の体や人が暮らす空間そのものを商品として利益を創出しなければならない段階に入ったからだ。ソウルやニューヨーク、東京のような都市が「国家ブランド」と名づけられたり、空間をイメージ商品に仕立てあげられなくて各自治体が気をもんでいることと、マンションの価格がそう簡単に下がらない理由はつながっていた。

　こういった知識は資本主義のど真ん中で一生生きていかなくてはならない私にとって、大変な武器になってくれた。それまでの私は、住宅価格の推移を見ながら、無理をしてでも家を買うべきか、それとも家は所有せずに一生賃貸暮らしをするべきか、決めかねていた。ニュースで不動産専門家という人が「住宅価格が下落するだろう」と言えば、賃貸でよかったと胸をなでおろし、次の日に別の専門家が「これから住宅価格が上がるだろうから、今が家を購入するベストタイミングだ」と言えば、どこかから無理に借金をしてでも家を買わなきゃマズいだろうかと、いてもたってもいられなかった。経済動向や不動産価格についてわかりやすく書かれたベストセラーを、暇を見ては手に取って読み、それなりに経済の勉強をしているつもりだったが、これから住宅価格が上がるのか下がるのかまるでわからなかった。それでいつも不安だった。起きていることの根本的な原因と結果がわからないので、毎日小さなことで驚き、不透明な未来への不安でびくびくしていた。それが、『資本論』を読んだら、こういった感情が解消された。突如読めるようになった経済ニュースと、いつもよくない景気と下がる気配のない住宅価格、そして、それらの現象の下ではたらく大きな力とが、一本につながって鮮明な形をもって視野に入ってきた。そうか！　そういうことだったのか！

それは、人間の生きる意味と価値について抽象的に思考する哲学書を読んだときとは全く違った経験だった。自分が暮らすこの場所で毎日発生している事柄にスポットライトを当てた生活密着型哲学書とでも言おうか。『資本論』は熱血社会運動家だけが読む本だと思っていた私は、なんて愚かだったのか。『資本論』は社会運動家だけでなく、平凡な会社員、小さな店を営む自営業者、金持ちの息子や娘、高くない所得で生きていく庶民、あるいは資本主義体制の中で一旗揚げたい人など、老若男女を問わず、誰にとっても有用な実戦経済学書だった。

『資本論』の中盤を過ぎて、私は戦慄した。やっとわかってきたぞ！　私の生きている世界はこんなところだったんだ！　これまで私に『資本論』を読むように勧めてくれた人たちの顔がドラマチックに脳裏をかすめていった。10代後半から43歳になるまでのあいだ、私にこの本の話をした人は20人くらいいたが、勧められるたびに心の中で思っていた。「そんなの読まなくたって全部知ってるよ。要するに、資本主義が悪いってことでしょ。私も知ってるってば！」。私はなんてバカだったんだろう。この本を推薦してくれた人たちは、この世の正体に私よりずっと早く気づいていたということじゃないか！　ほろ苦さと感謝と懐かしさが入り混じる中、冷や汗が出た。開いた口にぼた餅だったのに、私がうぬぼれ屋だったせいで……。

こうして世の中を知り尽くしたような幸福感と知的満足感にひたっていたある日、私は予期せぬ伏兵に出くわした。4か月にわたる『資本論』コースの最後の月、受講生同士で熱い討論を繰り広げた日だった。私たちは『資本論』の中で最も長いチャプターである「機械と大工業」を読み、現代の「大工場」に当たる「会社」を糾弾していった。各自が体験した会社の話、現代社会で多国籍企業がもつ権力とかれらによるさまざまな横暴、責任関係が明確でない株式会社体制に対する批判が主な内容であり、会社がいかに薄情で非人間的な場所か、非難の声がバンバンあがった。ところが、夢中になって討論していたら、心の中から鋭い声が聞こえてきた。チョン・アウン、あんたそんなに会社がイヤだった？　そんなにひどかった？　違うじゃん！

口では会社でどれだけ苦労したかを話しながら、心の中では「違うんだけどなぁ。そうじゃないんだけどなぁ」と思っていた。途中から発言を中断して、しばらく沈黙を守った。そして再び討論に加わった。「よく考えたら、私は会社がそんなにイヤってわけではなかったように思います」。それまでの論調と完全に反対の言葉を口に出すと、教室はしんと静まり返った。「話しているうちに、心の中で会社勤めをしていた頃を懐かしがっていました。私はなんでこうなんでしょう？」。会社システムの批判に熱を上げていた人たちが「いきなりなに？」という顔で私を見た。それらの顔をぽかんと見つめながら、私は首をかしげた。そして気づいた。今まで私が熱く語っていた言葉は「本当の自分の考え」ではなかったことに。マルクスがそうだと言い、みんながそうだと言うから、私もそうだと思ってぺらぺらしゃべっていたが、私の考えはそうではなかった。それに気づいた瞬間、資本主義について全部わかったつもりで浮かれていた心の祭りは幕を閉じた。祭りのあとの寒々としたところに残ったのは、大きなクエスチョンマークだった。私はなんで会社を懐かしがっているんだ？　どうしてほかの人たちみたいに資本主義を憎めないんだろう？　心の片隅で密かに資本主義がいいと思っているのはなぜなんだ？

私はなぜに会社を懐かしがるのか
ゲオルク・ジンメル『貨幣の哲学』

マルクスの『資本論』が資本主義という体制の概念と作動原理を記した本だとすれば、ゲオルク・ジンメルの『貨幣の哲学』は、「お金」のなりたちと歴史、人類に及ぼした影響を追跡した本だ。前者はお金に権力を与えた体制の正体を明らかにすることに重点をおいており、後者はお金というもの自体の「効果」に重点をおいている。韓国語の翻訳版で1000ページを超えるこの厚い本『貨幣の哲学』を、『資本論』を読む前と後に1回ずつ読んだのだが、『資本論』を読んだあとに2回目を読んでようやく、その内容をきちんと理解することができた。それだけ『資本論』が難しかったということであり、『資本論』とあわせて読んだことで『貨幣の哲学』をよりしっかり読みこなせたということでもある。やはり「概念」より「効果」を扱った本のほうがやさしい。なにより数学・科学の領域が含まれないという点がとっつきにくさを下げるのに大きく貢献した。

『貨幣の哲学』は巨大な壁画のような本だ。お金というものが人類の生活をどのように変えてきたのかを、時間別、空間別、状況別に細かく追跡して描いていく。小さなシーンをひとつとっても緻密に描かれていて素朴な面白さがあり、そのような細密画が集まって作り出す大きな壁画も壮大な感動を与える。加えて、形式にとらわれないエッセイのような書き方なので読みやすい。

私はこの本を読み進めていくうちに、「お金」という軽くて小さい一枚の紙きれに乗って、世の中を縦横無尽に旅している気分になった。大きさも、かさも、重さも大したことないこのお金というものは、無色無臭で感情がない。ただ前だけを見てどんどん進む。いかなる目標も価値観もない。ただ突進しながら力を発揮するだけだ。力の発揮、自己の実現だけが存在意義であるかのように。ところが、その力を発揮する方法が驚きだ。なんの気配や予兆も見せず、それがどんな結果をもたらすのかも教えてくれない。コイツの力に制圧された人々は、自分が押さえこまれたことを知らない。自分の一部分が失われて、永遠にもとには戻らないということを。音もなく制圧されたあと、その力の言いなりになり、周囲の人々にその力を伝播する。出会った途端に追従者になるのだ。

お金がもつ力のうちで最もすさまじいのは、それまで存在していたものをぶち壊す破壊力だ。身分、慣習、関係、感情のように、人間がもともともっていた、あるいは後天的に作り出して保有していたものを、静かに、徹底的に破壊する。破壊する対象の性格、すなわち、それが望ましいのかどうかは一切おかまいなし。人の上に人をおき、人の下に人をおいた身分制度も崩壊させ、人々が村単位でかたまって衣食住を助けあってきた温かい共同体も瓦解させる。先祖代々土地と農作物と人生を共有してきた人たちとの関係も壊し、自分のことだけ優先したときに心の片隅に忍び寄る申し訳なさ、気まずさといった感情もつぶしてしまう。出会うものすべてを破壊するコイツが通り過ぎて行ったあとには、なにもかもが粉々に分解されて、最小単位だけが残る。「アトム化」されるのだ。人間が衣食住を共有する単位が数十人規模の村から10人余りの大家族に、そこからさらに4人ないし5人の核家族に、そして近年では核家族までもが分解されて1人世帯ばかりが残る現象も、相当部分はコイツの行進に由来する。

その小さくて容赦ないヤツが通り過ぎたあとに残された原子たちは、新しい規則のもとに再結合する。「利益」という単純このうえない規則のもとに。自分の食べるもの、自分の着るもの、自分の体を横たえる場所を確保するのはこの広い世界でただ自分ひとりだけだという事実を認識した個人は、自分の利益、すなわち自分の体と精神のために働いてくれる財貨を求めて必死になる。人と人とのつながりはもっぱら利益によってのみ生まれ、利益の発生期間が過ぎればつながっていた関係は直ちに解消される。この世の誰とも「永遠」を論じる間柄になれない、「クール」な状態におかれるのだ。

この本を2回読んで、ようやくわかった。私が会社をただ嫌いにはなれなかった理由、心の中でひそかに会社を懐かしがった理由が。それは私の性別と関係していた。女性という私のアイデンティティと。

出会うものすべてを無差別に破壊するお金。その大胆な歩みの中で、人類の多くのしきたりが崩れていった。なにをもってしてもその固い壁は破れないと思われた領域、すなわち「身分」という人類の古い遺産も、お金によって崩壊した。それは確かにお金がもつ破壊性がもたらしたよい結果であり、お金が身分を打ち砕いた歴史は、人類がのちのちまで追憶する名場面として残るだろう。しかし、「私」という個人——大韓民国で暮らす既婚女性で2人の子どもの母親という、いっときも忘れられないアイデンティティを背負った私にとっては、それよりも重要な影響力を発揮しているものがあった。それは、お金が女性に対する固定観念を打ち砕いたことだ。

それまで私は、女性を現在の姿にしたのは女性運動だと思っていた。男性を喜ばせる対象としてのみ存在していた女性を、男性と同等の権利をもって生きられるようにしたのは、先代の女性たちとかれらを支持してくれた男性たちの献身的な努力のおかげだと。ところが、『貨幣の哲学』を読みながら気づいた。女性を今の位置まで連れてきたもうひとりの貢献者がいたということに。お金という驚くべき魔物が女性を押さえつけていた数多くの制度と慣習を一挙に崩壊させたのだということに。

もちろん、お金は女性を解放してやろうという遠大な野心を抱いてはいなかっただろう。お金はなにも考えない。ただ、女性を男性と同等の人間として扱わない慣習が自分の行く手を邪魔してわずらわしいので、一気に取り払ってしまっただけだ。「女も能力があるなら金を稼いで資本主義体制を拡大するのに貢献してしかるべきところを、どうして身体構造が少し異なるという理由で、家で男のために補助的な役割だけさせておくのか。はなはだ気に入らぬ。ただちにその性別役割ごっこをやめろ！」と、こう命令を下したのだ。そして、お金という全能の造物主の一喝により、女性の前途が開かれたのだ。もちろん、今も多くの分野において隷属的な面が残ってはいるが、女性が社会に進出する可能性は過去とは比べものにならないほど高まった。お金をたくさん稼げば、あるいはお金をたくさんもっていれば、つまり、お金と仲よしであれば、女性は性別のくびきから逃れることができるのだ。もちろん、ここに落とし穴がある。「お金と仲よしであれば」という前提に。けれども私は、お金が果たした役割、つまり、数千年のあいだガチガチに受け継がれてきた男性優越主義という慣習をいっぺんにぶち壊した、その強大なパワーを知ったとき、一発ガツンとなぐられた気分だった。資本主義の発展という原動力がなかったならば、果たして女性運動だけで女性が今の地位まで来ることができただろうか。女性運動が大きな役割をしたのは事実だが、資本主義という「すべてを破壊する怪力」も、性差別という長年の悪習を一掃するのに大きな役割をしただろう。

このあたりで、お金が女性である私の生活にどのような影響を与えたか、具体的に見てみよう。私は会社がわりと好きなほうだったが、特に結婚してからは、会社という存在が大好きになった。韓国で女性が結婚するというのは、数々の奇想天外な家事を（泣き寝入りで）抱えこむことになるという意味だ。夫と子どもたちの衣食住の世話だけでなく、夫側の拡大家族の大小さまざまな行事まで面倒を見なければならない。大韓民国の娘たちのひとりである私にも、結婚後、ありとあらゆる家事が待ってましたとばかりにどっと降りかかってきて、それらと決闘を繰り広げる中で（ときには受け入れ、ときには巧妙に逃げ、ときには正面から「しません」と宣言して）私は気づいた。「会社」という存在が私にとってどれだけ有用なのか。男性側の血統を称えて祀る「チェサ【先祖供養の法事のことで、一族の男性が執りおこなう】」に多大な意味を与え、それを中心に冠婚葬祭と盆正月の行事が大々的に繰り広げられる国で、そして、チェサに供える料理の支度をとりしきる任務を、その一族の血が一滴も入っていない「女性配偶者」がしなければならないと代々信じてきた国で、女性配偶者がチェサに行かないことを許されるための言い訳として、なにを挙げることができるだろうか。ただひとつ。これを突きつければ納得してもらえる、空前絶後の言い訳がある。「出勤なんです」。他のいかなる言い訳も、すべてけしからぬ、決して許されない身勝手で恥知らずなものとみなされるのに、この「出勤なんです」という言葉だけは、伝家の宝刀のようにはたらく。この言葉が口から出た瞬間、誰もがうなずいて納得するのだ。じゃあ、しょうがない。稼ぎに行かなきゃならないって言うんだから！

私からしたら、いったいなぜ自分にまわってくるのか、何百回、何千回と考えてもわからない数多くの家事を一発で免除してくれるありがたい存在「会社サマ」をどうして好きにならないわけがあろう。結婚して母親になったあと、私は会社を「愛して」いた。会社に行けばみんなが私を名前で呼んでくれて【韓国では子どもを産むと、家族、親戚、あるいは近所からも「○○オンマ（○○のママ）」と呼ばれるのが普通】、いい仕事をすればデキる人だとほめてくれたし、さまざまな話題をもってきて私の関心の裾野を広げてくれた。それに、私が「やります」と同意したことのない数々の家事労働を「道理」だと言っていきなり押し付けてくることもなかった。『資本論』の討論の際、私が懐かしく思った会社は、まさにこういう場所だった。結婚後に、認識を新たにして愛した会社。あの討論をするまで、私は気づかなかった。結婚後にどうしてあんなに出勤するのが好きになったのか。どうして会社に行くと、あんなに解放感を覚えたのか。もちろん、会社にも不当な要求をしてくる上司や同僚がいたけれど、家族という枠組みの中で出会う人たちと比べると、みんなかわいいものだった。駄々っ子しているくらいに見えたというか。かかってこい部長！　かかってこいクソ取引先！　それしきのこと、みんな私の広い胸に抱いてヨシヨシしてやる！

考えてみれば、それはすべて「お金」の力だった。お金を稼いでいる私には家父長制が発する強大なパワーに対抗できる強い磁界が形成されており、その中心には、私が外で「お金」を稼いでくるという単純明確な事実、家族の衣食住をまかなう財貨を獲得してくるという事実があった。意識していなかっただけで私はこれを本能的に察知しており、それがゆえに、会社通いをする日常をあれほど大切に感じたのだ。だから、資本主義が家父長制の対抗馬として機能していたその数年間、私は身をもって経験したのだ。女性に対する古くからの慣習を容赦なくつき破って進んでいくお金の力強い動きを。そのダイナミックな脈動を。

どうして私はニュースに出てこないのか

カトリーン・マルサル『アダム・スミスの夕食を作ったのは誰か？』（高橋璃子訳、河出書房新社、２０２１年）

古くから伝わる伝説がある。人間はもともと利己的な動物であり、利己的な欲望に忠実にしたがっていれば、その欲望の結果物が集まって社会的に最も効率的な状態を作り出すという、冗談みたいな話。「我々が食事を手に入れられるのは、肉屋や酒屋やパン屋の善意のおかげではなく、かれらが自分の利益を考えるからである」という言葉に代表されることの伝説は、アダム・スミスが『国富論』に書いた文章に由来する。経済学より倫理学に精通していた学者アダム・スミスは、自分のためだけに生きろという意味でこの文章を書いたのではなかった。しかし、後世の自由主義経済の学者たちは、この言葉を人間の経済的欲望が最優先されなければならないという主張の土台とし、以降、アダム・スミスは弱者に対する配慮がこれっぽっちもないジャングル資本主義の始祖のようにみなされることになった。

近代国家の形成期に登場した経済学は、資本主義の発展とともに哲学・歴史・文学をおさえて、学問の中で最も比重のおかれるものになった。各国が国民総生産を上げるのに必死になったことで、権威ある経済学者の主張は広範囲にわたって忠誠心のある聴衆を確保した。メディアは経済学者の言葉を引用した経済動向ニュースを分単位で送り出し、大衆は自分が投資した商品が将来バラ色かを予測するために株価の見通しと各社の当期純利益の発表に神経をとがらせた。資本の時代を迎え、経済学の権威が急上昇したのだ。

経済学の内部には多くの学派が存在し、それぞれ異なる主張を繰り広げるが、すべての学派に共通している前提がある。「人間は状況をひとつひとつ理性的に把握したのち、自分にとって最も利益となる方向に合理的な決定を下す」というものだ。「経済人」と呼ばれるこの類型の人間は、どんな状況においても理性を失わない。感情に流されず、損することはせず、つねにつじつまのあった言動をする。市場はこういう人間たちの集合からなっているため、これを「標準」として社会構造と経済体制をうち立てなければならない。

ならば、経済学において一般的人間像とされるこの経済人の感情はどうなっているのか。つねに理性的な判断を下すというこの人間の心、喜んだり、悲しんだり、愛したり、落ち込んだりする心は、どこに行くのか。そもそも経済人にはそんな心は存在しないのか。スウェーデンの作家カトリーン・マルサルの『アダム・スミスの夕食を作ったのは誰か?』は、このような疑問からスタートする。人間が自己の経済的利益を実現するために生きる存在だとすれば、それ以外の欲望はどうなるのか。人間は経済的利益の実現に全存在を捧げるという主流派経済学の前提は妥当なのか。実際にわれわれ人間はそのように生きているのか。

著者は、経済人という概念を生むのに至大な貢献をしたアダム・スミスの論理——私たちが夕食にありつけるのは肉屋や酒屋やパン屋の利己心のおかげだ——にスポットを当てる。著者によれば、アダム・スミスは私たちが夕食にありつけるようにするさまざまな経済的要因を考える過程で、重要な役割をしたある要素を見落としているという。それは、夕食の材料をそろえて調理し、ソースをかけて、器に盛って食卓に出した人物。そう、アダム・スミスの「母親」という存在だ。この人がいなかったら、肉屋や酒屋やパン屋がいくら利己心に忠実だったとしても、アダム・スミスは夕食を食べられなかっただろう。そして、その母の手は、夕食が無事にテーブルに並ぶまでに関わった無数の手のうち、最も複雑で、最も時間がかかる仕事をこなしたのだ。

私たちが経済学と呼ぶ学問は、お金に換算できる要因しか正式な構成要素として認めない。朝4時に起きて井戸に水汲みに行き、12人家族の朝食を準備する途上国の10代の少女の労働は、国民総生産の一部としてカウントされない。少女は一日中働いて家族の衣食住の面倒を見るが、お金に換算されないため、少女の労働は公式的な「仕事」とみなされない。韓国社会でも、こういうことは毎日起きている。主婦たちは早朝から起き出して家族の朝食を作り、家族が着ていく服を洗濯し、家の中をあちこち掃除するが、これらの労働は「仕事」として認められない。主婦が自分の子どもを育てていれば「家で遊んでいる」女性になり、隣の家の子どもをお金をもらって育てていれば（あるいは保育園の先生として就労すれば）「働いている」女性になって国民総生産をアップさせる功労者となる。

お金に換算されない労働は「仕事」とみなさないため、経済学が想定する「経済人」に専業主婦として暮らす女性は含まれない。経済人は自分に利益にならないことには一切動かないのに、一銭ももらわずに他人の衣食住の面倒を見る人をどうして経済人と呼べよう。経済人は最初から人間全体ではなくて一部の人間、もしくは片方の性別、すなわち「男性」をモデルとした概念だった。そして女性は、各自の利益のためにこぶしを握りしめて飛びかかっていく経済人たちのあいだで奮闘し家族の食料を持ち帰ってきた男性がゆっくり休めるよう、温かく居心地のよい空間を提供するのが役割と想定された。経済人である男性にはないとされる愛・思いやり・ケア・献身を提供する「感情の人」として。最初から片方の性は利益だけを追求する冷たい性格、もう片方の性は感情だけを追求する温かい性格と決めつけてしまったのだ。

著者はこれをこう表現する。

経済学は愛を節約しようとした。愛は社会から隔離され、思いやりや共感やケアは分析の対象から外された。そんなものは社会の富とは関係ないからだ。

お金の世界と思いやりの世界は切り離され、両者が交わることは許されなかった。そしてお金の世界は、思いやりや共感やケアの概念を失った。経済の話をするときに思いやりを考慮する人はいなくなった。おそらくそのせいで、現代の女性は男性よりもずっと低い経済的立場に立たされている。[*6]

母親である女性が子どもの面倒を見ることより自分の仕事に優先順位をおけば、「自分勝手」だと後ろ指をさされる。また、自分のおこなった家事の対価を求めれば、「家族のための仕事なのに対価をほしがるなんて！」と非難の目で見られる。反対に、男性が自分の仕事に優先順位をおいたり、自分がした仕事の対価を求めたとしても、きわめて自然なこととみなされ、話題にものぼらない。はじめから女性を「配慮する性」と決めつけ、お金や自分の利益を求めないものと仮定し、男性を「計算する性」と決めつけ、お金と自分の利益に忠実なものと仮定するために起こる現象だ。

経済学は徹底して「男性」を基本値とする学問だ。そのため、ニュースに出てくる株価の動向、経済予測、国民総生産といった公式的な数値からは女性が家庭でおこなう労働が排除されている。公式的な領域に女性がおこなう仕事が含まれていないため、女性の労働は見えなくなり、それをおこなっているはずの女性は「家で遊んでいる」と言われることになる。

この本は、人類の半分にあたる女性がおこなう労働を丸ごとないことにしてきた経済学に痛烈な批判を投げかける。経済学で言う「人類」とは誰をさしているのか。経済人という語に含まれる「人」とは誰のことか。地球上の人口の半分を占める性別を排除しておこなわれる統計調査・研究・分析は本当に「人類」の生活を代弁できるのか。われわれが「経済学」だと思ってきた学問は実のところ「男性経済学」ではないのか。

世界的に、貧困層の絶対多数は女性である。女性がする仕事はたいていが低賃金であり、男性と同じ仕事をしたとしても男性より少ない給料が支払われる。昔からそうだったし、今でもそうだし、これからもそうだろう。これを正すために一番最初にすべきことは、女性の無償労働を経済モデルに含めることだ。「仕事」を「仕事」と命名し、見えていないものを見えるようにしなければ、次の段階に進めない。

アダム・スミスが夕食を用意してくれた母親の労働を経済的要因に含めていたならば、その後の経済学の歴史は大きく変わっていたはずだ。生産コストの算定方法が変わり、それによって国民総生産の算定基準も変わっていただろう。アダム・スミスが忘れていたのは母親の手だけだっただろうか。肉屋の主人の夕食を用意した手、小麦を生産した農夫の夕食を用意した手、肉を運んだ人夫の夕食を用意した手など、たくさんの手がアダム・スミス流の経済モデルにおいて影もかたちもなく消えてしまった。まるで肉が飛んできてひとりでにフライパンの上でジュージュー焼け、ソースの瓶が飛んできてピュッとかかったかのように。経済学において省略された数多くの手作業、それは「女性」と呼ばれる人類の手によるものであり、これらを経済学に含めることは、とてつもない政治的・経済的・文化的な変動をともなうだろう。

　この本を読んで、それまで漠然と感じていた感情がどこから来ているのかわかった。家事労働者である私に向かって「家で遊んでるんだって？」という言葉を投げつける行為は、それを言った個人の分別や礼儀の不足に起因するものではないのだ。それは、それよりもはるかに大きな単位、たとえば、社会だとか国家、あるいは時間的に見るなら歴史だの伝統といった広範囲な単位で原因を見つけなければならないものだった。そんな考えに至ったら多少気持ちが楽になったが、一方ではぞっとした。私が基本値だと思っていたものは、実は基本値ではなかったということか。自分が属していると思っていた場所から私は徹底的に排除されていたということか。だとしたら、いったいなにを見て、なにを聞いて、なにを信じてついていけばよいのだろう。

＊6　カトリーン・マルサル『アダム・スミスの夕食を作ったのは誰か？』（高橋璃子訳、河出書房新社、2021年）161ページより引用

3人の子どもを育てあげた専業主婦はなぜ年金をもらえないのか

ナンシー・フォルバー『見えざる胸』
(*The Invisible Heart: Economics and Family Values?*)

知人の2人が論争するのに居合わせたことがある。ひとりは3人の子どもを育てる父親で、もうひとりは子どもがいない既婚男性だった。年明けで年末調整に関する話が飛び交う中、3人の子持ちが愚痴っぽく言った。子どもを育てるのに給料のほとんどが飛んでいくのに、政府がしてくれることと言ったら、せいぜい扶養控除しかない、と。北欧諸国では子どもを育てるのにどれだけ多くの支援がなされているか、専門用語までもちだして熱く語りだすと、子どものいない既婚男性がチクリと言った。「俺たちみたいに子どもがいない人間が苦労して稼いだお金が、おたくの子どもらにどれだけまわっているか知ってるか。俺たちから取った税金で、おたくの子どもらの保育料、教育費、最近では給食代までまかなわれているじゃないか。正直、俺たちみたいに子どもがいない人間は、こんな風に取り立てられる〝子なし税〟に対し革命を起こさなきゃって思うよ」。すると、3人の子持ちが目をむいて、自分の子どもたちが将来払う国民年金について言及し、会はまたたく間にメラメラ燃える討論の場へと変わった。

当時、2人の討論にどう決着がついたのかは正確に覚えていない。国民年金と税金という、子持ちと子なしがそれぞれ不当だとする分野についてえんえんとやり合った末、誰かがそれとなく話題を変えることで曖昧に終わったように思う。しかし、火花の飛び散る舌戦と2人のあいだを行きかう微妙な敵対心は、私の中にそっくりそのまま残って、疑問を生んだ。どちらの話も間違っていない気がするけど、では、割りを食っているのはいったいどっちだろう。

この疑問は、だいぶあとになって『見えざる胸』という本を読んだときにかなりの部分が解消された。当時私が抱いた疑問を著者のナンシー・フォルバーはこのように表現する。「子どもは公共財か、私的所有物か」。要するに、子どもという存在が成長して成人したときにもつ能力や人格が社会に広く効果を発揮するのか、それとも、その子を育てた家庭内でのみ影響力を発揮するのか、という問いだ。

著者によると、子どもは公共財だ。子どもがこの世に生まれれば、かれらから引き出される能力と資質によって社会構成員全員が恩恵を受けるからだ。逆に、子どもがきちんとしたケアと教育を受けられなければ、それは社会に大きな害悪をもたらす結果につながる。そのため、社会は親の努力を認めて労に報いなければならず、親が本来の役割を果たせない場合には、親に代わって子どもをよい影響力を発揮する公共財に育てあげなければならない。冒頭のエピソードで知人たちが見落としていたのは、この部分だった。親であるほうも親でないほうも、どちらも子どもを親の私的所有物と考えていたのだ。そのような観点から脱して、子どもが成人になったときに社会に及ぼす影響力をもう少し広い範囲で考えることができたら、論争の答えはもっと簡単に見つかっていただろう。

著者のナンシー・フォルバーは、米国マサチューセッツ大学経済学科の教授で、自らを「人間が互いの面倒を見るのに費やす時間と労力について研究する経済学者」だと紹介する。一言で言うなら「ケア労働経済学者」だ。彼女は、「見えざる手」に代弁される現代経済学が人間に内在する自分の利益を追求する利己的な欲望だけにスポットライトを当て、その欲望の結果だけを数値化し研究する現実を批判する。ひとりの人間が利益の追求に打ち込むためには、その人の空腹や寒さ、寂しさ、悲しみを包みこんで慰めてくれる「誰かの胸」を必然的にともなうが、経済学はそこを全く研究対象にしない、ということだ。

結果的に、人間を育てあげるために無数のケア労働をこなす「胸」は目に見えない透明人間となり、経済的に不利な立場におかれることになる。金銭が最高の価値として君臨する資本主義社会において、利己的な欲望に忠実な人たちが経済的なリターンと社会的な名誉を享受しているあいだ、他人の面倒を見る利他的な価値に忠実な人たちは、最低限の金銭的報酬さえ受けられない弱者になってしまうというパラドックスが発生するのだ。

著者はこれを、会社勤めをした非婚男性と3人の子どもを育てあげた専業主婦の例をとおして説明する。子なしでお金を稼いできた非婚男性は、引退後、死ぬまで年金をたっぷり受け取ることになる。このとき彼が受け取る年金は、専業主婦が育てた子どもたちが働いて稼いだ所得から拠出されたものだ。しかし、その子どもたちの食事や衣服の面倒を見て、教育をし、社会の働き手として育てあげた専業主婦は、非婚男性と同じ年齢になったときになんの社会保障も受けられない。夫が受け取る年金を一緒に使えはするが、自分はその年金の公式的な受領者ではないため、夫が年金を分けあうつもりがなかったり、離婚や死別した場合、きちんとその年金を受け取ることができない。他人の善意または法的な枠組みに頼って一部の金額だけを受け取るか、あるいは全く受け取れないことになるのだ。

これは、伝統的に経済学がお金に換算されない非市場労働を価値あるコストとして認めてこなかったためだ。毎晩ニュースで発表される国民総生産、株価指数、失業率といった経済指数に、食事や衣服の準備をし、宿題を見てやり、子どもと老人の世話をするケア労働は含まれない。それは、公式的な経済の外にあるものとして扱われる。測定対象に含まれないのはケア労働だけではない。企業が利益を上げるために犠牲にされる自然環境の問題や弊害も統計の数値には少しも現れない。

樹齢を重ねたスギの木がカリフォルニアの原生林から切り出されたときは、生産された丸太が売れた金額分だけGDPが増加する。木そのものを作り出した自然資源や、生態学的に木々に依存していた動植物の種の価値の損失は全く考慮しない。「生産されていない」ものとみなされる。われわれは母なる自然を自分の母親のごとく当然のものと考える。[*7]

この部分を読んだら、それまで何度も耳にしてきた言葉の数々が風のように脳裏をかすめていった。母なる自然、無条件に子どもを包みこむ母の愛、獣にも備わった本性である強烈な母性、子どものためにすべてを犠牲にしようとする心は神が女性に与えた最高の品性……。私自身にはとうてい見当たらない、また、まわりのママ友たちにもなかなか見られない完璧で理想的な母性がどうして「本来の性質」と呼ばれるのか、なぜ女性が子どもより自分のことを優先すると「わがまま」と思われ、反対の場合は「自然な」ことと思われるのか、ようやくわかったような気がした。資本主義体制において最初から構成要素に含まれていなかったという点と、好き勝手にタダで使いながらもその価値は認めないという点で、女性のケア労働と自然資源は双生児のように似ているのだ。それがゆえに、女性の母性、女性の寛大さには当然のごとく「自然なもの」という考え方がついてまわるのだ。

私にとってこの本は、カトリーン・マルサルの『アダム・スミスの夕食を作ったのは誰か？』とワンセットのように思われた。両者はいずれも、これまで経済学において最初からないものとして扱われてきた女性の家事労働を全面的にテーマとしている。しかし、前者が男性に代表される「経済人」というものが存在しえないことを強調し、伝統的な経済学に辛らつな批判を投げかけたとすれば、『見えざる胸』は、女性や自然資源ほかさまざまな存在が経済学から疎外された理由を学問的にひとつひとつ掘り下げる。記者出身のカトリーン・マルサルが、現代資本主義がまわっていく仕組みとマスコミおよび学界の無茶苦茶な対応を鋭く揶揄し、ウィットたっぷりに切りかかっていくなら、ナンシー・フォルバーはケア労働にきちんと報酬が支払われないことによって生じる現代社会の問題を数値と科学的な方法論を動員してひとつひとつ問いただし、その代案を提示する。お金を稼いで財産を増やそうという利己的な欲求ではなく、他人の面倒を見るという利他的な「胸」を選択した人たちが、報酬を得るどころか、自らの衣食住すら調達できない脆弱な立場に立たされるように放っておいた結果、子どもや高齢者のケアにどれだけ大きな空白状態が生じているかを診断し、ケアという分野が国家レベルで新たに組織される必要があることを力説する。

この本の著者に感謝した点は、これまで2人の子どもの母親として一日の大部分をケア労働に捧げて生きてきた私が長年抱えてきた数々の疑問、さまざまな迷いにヒントを提供してくれたことだ。私はいつも考えていた。際限なく毎日繰り返される家事をいつまでしなければならないのか。一日も早くここから抜け出して自分のためのなにかをすべきではないか。こんなことを来る日も来る日も考え、あとには決まって罪悪感につきまとわれた。なにがより重要なのか。家族という垣根を守るために奮闘している私は、チョン・アウンという個人の人生という面から見たら、果たして最善の道を歩んでいるのか。これは、ケア労働は女性の役割だと考えられてきた時代が過ぎ去り、新しい時代への転換期に一生を送ることになった私にとっては、運命のように予定されていた疑問だった。今こそ、ケア労働が新たに組織され配分されるべきときなのだ。時代精神の大きな流れが変わったのに、国と社会制度は依然としてケア労働を女性の役割のまま残しているので、私のような個人がいくら頭をひねって思い悩んだところで、これといった解決策が出てこないのは当然だった。ケア労働の専従者だった女性の手が足りなくなってきたのに、それを補うべき男性と社会は入ってこずにいるのだから、この状態を放っておいたら、子どもたちはどれほどケアの空白にさらされることになるだろうか。母親である女性が一日に何度も自分の人生と子どもの人生を思いわずらい、ため息をつく状況は、いずれもこのような時代の変化に端を発した悲劇だ。だから、社会に関心をもたなくてはいけないんだ。制度と政治に声をあげていかないとダメなんだ。なにもせずにじっと座って新しい時代が自然に到来するのを待っていたのでは、死ぬまでなにも変わらない。

とても中身の濃い本だった。ケア経済学という新しい学問の可能性を開いたこの著名な経済学者は、冷徹に論旨を展開しながらも、ユーモアと人間への温かいまなざしを失わない。新しいトピックをもちだすたびに、それに関連した自分の境遇を公開（父親の職業と財産状態はもちろん、自分が他人から受け継いだ遺産額まで細かく）する厳格な姿勢のおかげで、その主張がいいご身分の教授が並べる非現実的な話には聞こえない。批判的でありながらも楽観的な観点を捨てず、人類がケア労働を可視化し、ケアの責任を民主化することで歴史をどう変えていけるかという論にも説得力がある。

経済学という学問はどうしてこんなにも男性中心的なのか！　人間が構築してきた制度、学問、慣習がどれも「男性」を「人間」と想定した状態で生まれたものであることはよく知っていた。しかし、他の分野では、それでも女性の姿がどんな形であれ登場はするではないか。なのに経済学は、あまりにも完璧に女性という存在を、女性がおこなう労働を無視してしまった。自然という外部要因はそれでも「原料」という一つの変数として処理されもするが、女性は変数としてすら扱われない。ケア労働は、ただいつでも供給されるもの、供給する主体とその恩恵にあずかる者のあいだの関係や葛藤に関係なく、24時間無条件に提供される当然のものに過ぎない。

ときどき、こんなことを考える。女性が年を取るというのは、世の中のすべてが「男性」を基本値として想定していることに気づく過程なのではないかと。人間の歴史だと学んできたものが実は男性の歴史であり、人間の習わしだと学んできたものが実は男性の習わしだったという事実を体感する瞬間の連続ではないかと。その事実を痛みをもって体感しながら、女性である自分の視線で世の中をひとつひとつ再定義すること、それが、女性が年を取ることの本質ではないかと。女性は年を取るほど革命的に変わらざるをえないという言葉も、こういったところから出ているのだろう。

『見えざる胸』を読むことは、このような通過儀礼を経る中で予定されていた、鬱憤が込みあげる過程だった。同時に、その代案がかすかにだが可視化される光景を見て、喜びを感じる過程でもあった。アメリカのある優れた知性が、これまで経済学と呼ばれてきた分野の正体をくっきりと照らし出し、正しい経済学とはどういう姿であるべきかを見せてくれたことに大いに慰められる過程。そしてその過程の末に、ある希望、ある願いを抱くことができた。この本は、経済学という効用性の高い学問に、これまでその学問が無視していた領域を正面からもち込んで、学問の枠組み自体を変えてしまう。主に倫理や価値の面で扱われていた「女性」を人間の物質的な生活や欲望という観点から見ていることがとても嬉しく、心強い。性能のよい武器をプレゼントされた感じとでも言おうか。これまで半分の役割しかしてこなかった経済学が、著者のような人たちの努力に支えられ、人類の半分にあたる女性の視線を反映した完全な学問として定着することを切に願う。

＊7　ナンシー・フォルバー『見えざる胸』（未邦訳、原題 The Invisible Heart: Economics and Family Values）韓国版111ページより引用

Ⅲ

資本主義社会で
女性として
生きるということ

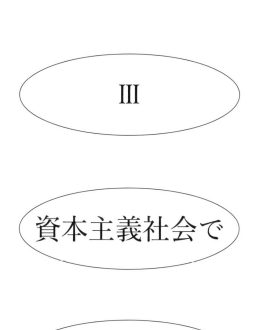

誰が、なぜ、女性に火をつけたのか

シルヴィア・フェデリーチ『キャリバンと魔女』
（小田原琳、後藤あゆみ訳、以文社、２０１７年）

生まれ変わるなら、次は男に生まれたいと思ったことがある。学校を卒業して社会に出たときから、２人の子どもの母親として落ち着くまで、「よりによって、どうして女に生まれたんだろう」という愚痴をよく口にした。できることなら、今からでも男として生きたいとも思った。女として生きるほうがもしかしたら面白いかもしれないと思ったのは、40代に入る頃だった。『アダム・スミスの夕食を作ったのは誰か？』や『見えざる胸』といった本をとおして一種の開眼のようなものをし、「こういうのも面白いな！」と思うようになったのだ。これまで自分が属していると思っていた世界に実は自分は属していなかったのだという発見。私はその世界ではなく別のどこかに属しており、かたちがはっきりしないその別の世界は、私が手探りで理解していくしかないのだという気づき。それは、切ないながらも、脳の片隅が快感でしびれる経験だった。

シルヴィア・フェデリーチの『キャリバンと魔女』は、女性学と経済学の分野でたびたび言及される本で、読まなくてはという義務感から半ば強制的に手に取った本だ。この本をとおして私は、現在のような、男は外で働いて、女は家で家事と育児を受けもつという性別分業が絶対的な真理のように当然視される世の中になる前の時代にしばし身をおいてみることができた。それは、神にすべてを託していた中世から、人間はなんでもできると信じる近代へと移行しつつあった時期。生活に必要なものすべてを、お金を払って買わなければならない〝資本主義〟体制が発芽した時期だ。うまく書かれた本をとおして自分が生きたことのない時代を一時的に生きてみるのはいつだって興味深い経験だが、この本は、これまで人類の歴史において他愛のない小さなエピソード程度に扱われていたひとつの事件に完全に新しい角度からスポットを当てたという点で、特に感銘を受けた。

『キャリバンと魔女』は、ルネッサンスの古典的絵画の表紙【韓国語版の表紙には、ウィリアム・ホガース『テンペスト』が使われている】に目を引かれた。本を手に取ったとき、タイトルの単語のひとつに視線が止まった。魔女かぁ。私は首をかしげた。魔女ってなんだろう。自分の知っている魔女のイメージを思い浮かべてみた。ほうきに乗って飛びまわり、頑丈な男たちを一瞬にしてヒキガエルに変え、誰かに呪いをかけて非業の死を遂げさせ……。あと、なにがあったっけ。陰気でドラマチックな感じがするさまざまなイメージとともに、炎に包まれて身をよじる女性の姿が思い浮かんだ。火刑台にしばられて喘いでいる女性の苦痛に満ちた顔。そうだ！　魔女狩り！　中学生のときに歴史の教科書で見た文章を思い出した。中世のある時期に、女性たちを魔女に仕立てあげ火刑に処したというあれ。歴史の先生は、その文章を読んだあと、中世の厳格で宗教的な雰囲気を簡単に話して次へ移った。1分になるかという短い時間だったが、そのときに聞いた魔女狩りの話は強烈な印象を残し、私の頭の中で中世は荒涼とした野蛮なイメージとして残った。普通の女の人たちを魔女に仕立てあげて火あぶりにして殺すなんて！　その時代にそこに生まれていたら、私もそうされていたかもしれないということではないか！

歴史の教科書で出会ったあとも、魔女のイメージと出会うことは結構よくあった。最もたくさん接したのは、私がお母さんと呼ばれ出した直後だ。主に子どもたちに読み聞かせをするときで、魔女たちは『まじょのウィニー』のようにシリーズもので現れたり、『お母さんが別人になりました：うちには魔女が住んでいる』【キム・スヒョン著（未邦訳）】、『魔女のおばあさんの贈り物』【ラヘル・ファン・コーイ著、原題 Das vermachtnis der gartenhexe

（未邦訳）のような単行本の主人公として登場し、ミステリアスさで私たち親子の興味をそそった。今、こうして振り返ってみると、その正体が気になる。あれほど何度も接してきた「魔女」という存在。それは実在したのだろうか。すさまじい効能をもった薬を作り出し、魔法で世の中を変える女性が本当にいたのだろうか。いくら考えても、そんな人がいたとは思えない。では、「魔女の男版」はどうだろう。魔術師と呼ばれた人たち。かれらは実際に存在したのか。ふと、自分が魔術師に対してもっているイメージが多くないということに思い至る。待てよ、魔術師と魔女は別ものなのか？　同じものを性別で分けて魔術師、魔女と呼ぶのか？　魔女という単語に「女性」を意味する文字がしっかりと入っていることが突如として認識される。普遍性をもった名詞はたいてい男性をデフォルトとし、女性の場合には「女性医師」、「女性教師」、「女子大生」のように特別に「女」の文字がつくではないか。なのに、「魔女」はどうして女性形がデフォルトのように普遍的に広く使われているのか。そして、魔術師と魔女はどうして同じカテゴリーのように感じられないのだろう。中世に火あぶりにされた魔女はたくさんいるのに、どうして火あぶりにされた魔術師はいないのか。

この疑問は、歴史書でもあり、経済学書でもあり、人類学書でもあるこの本、『キャリバンと魔女』を1ページ、2ページとめくるうちに少しずつ解消された。女性形の名詞が普通名詞のように使われている理由、人々の頭の中で魔術師より魔女のイメージがより多くの面積を占めるようになった理由を、著者は「資本主義の発現」から探る。資本主義の発現を女性の地位下落と結びつけて説明するのに、著者はマルクスとフーコーという著名な男性学者の理論を引き合いに出す。

マルクスは「資本主義の出現過程で人間がどのように抑圧されたか」という問題を扱った思想家だ。マルクスの死後も、その理論を支持する数多くの思想家が彼の問題意識を受け継いで、人間抑圧の問題を扱った。人間はどのように他の人間を抑圧するのか。抑圧する者は誰であり、抑圧される者は誰なのか。人類の歴史において、人間の人間に対する抑圧はなぜなくならないのか。抑圧をなくし、みなが平等に、自由に暮らす方法はないのか。しかし、マルクスとその後継者たちの研究には、人類を構成する重要な要素が抜け落ちている。人類の半分を占める性別であり、人類が存続できるよう生命を生み出すのに決定的な役割をになう性別である「女性」が。シルヴィア・フェデリーチは、資本主義の出現過程に関する既存の研究において見落とされていた「女性」を中心軸に据えて資本主義を考え直す。資本主義の黎明期を弱者に対する抑圧という視線で見るものの、そこに女性という重要な弱者を含めるのである。既存の資本主義の描写から抜け落ちた「女性」という存在を可視化し、不完全だった描写の欠けているところを補い、歪んだ形状を正す。

話は魔女狩りとペストという不気味な素材から始まる。人類の歴史において死の象徴としてのみ描かれていた中世の代表的なシーンが、弱者と女性というプリズムを通過すると、完全に新しいかたちで再構成される。ペストの流行は不平等と搾取の根源だった身分制度が崩壊する「ヨーロッパのプロレタリアートの黄金時代のはじまり」として、宗教的な懲罰と見なされていた魔女狩りは「新しい体制の確立のために権力者と国家がおこなった大規模虐殺」として描かれるのだ。

魔女狩りは2世紀にわたって数万人の女性が犠牲となった巨大な虐殺劇だった。にもかかわらず、魔女狩りの原因と規模、その結果についてはきちんと究明されたことがなかった。学界では魔女狩りを宗教的狂気が生んだ惨劇程度に簡単に片づけたため、魔女狩りはひとつの説話、伝説、ミステリアスな話の種として残った。魔女狩りの犠牲者が男だったら、どうだっただろうか。おそらく、今頃は数百巻に達する研究書が出ているはずだ。そして、宗教戦争やナチスのユダヤ人虐殺に劣らない巨大な悲劇として人類の歴史に深く刻まれ、のちのちまで記憶されたことだろう。だとすれば、犠牲者のほとんどが女性であった、そのため人類の歴史において重要な事件として扱われなかった魔女狩りは、いったいどうして起こったのだろうか。どんな人たちが、どんな目的で、生身の人間を火あぶりにするという残虐行為を周期的におこなったのか。

著者はその理由を、封建制から資本主義へと移行する時代背景に見る。最も重要な変化は、それまでの封建体制において集団で共有してきた土地と資源が私有化され始めたことだった。複数で共有していた土地に垣根を張り巡らして誰も入れないようにする「囲い込み」が大々的におこなわれたことで、下層民は自身と家族の糧を得ていた小さな土地から追い出され、その過程で社会的動揺が起きた。昨日までは隣人とともに作物を栽培していた土地に突然線が引かれ、「これからこの土地は私的所有地なので使ってはならない」と言われたとき、人々はどう反応したか。耕作地がなくなれば直ちに飢え死にする状況だから、「土地の所有者」だと宣言した人のもとへ目をむいて飛びかかっていっただろう。土地を個々人の私的所有にして国富を増大させるのに血眼になっていた支配層と国家は、怒りに燃えて押し寄せてくる人々をなだめなければならず、その過程で目に入ったのが「女性」という存在だった。

この新たな社会的‐性的契約に従って、プロレタリア女性は男性労働者にとって、囲い込みによって失われた土地の代用品となった――それは、最も基本的な再生産手段であり、だれもが意のままに利用できるものであった。「本源的蓄積」の残響は、十六世紀に自分を卑しめるときに「共有の女性《コモン・ウィメン》」という言葉を使ったことにも聴きとることができる。しかし、労働の新たな編成においては、（ブルジョアジー男性に私有化された女性をのぞく）あらゆる女性が共有財産となった。それというのも、ひとたび女性の活動が非‐労働であると定義されるや、女性の労働は空気や水と同じくらい誰もが使用可能な天然資源に見えるようになったからである。[*8]

私たち現代人が当然のように考える「仕事」の概念――会社に所属して労働力を提供し、その対価として貨幣を受け取る――は、太古の昔から存在していたものではない。資本主義体制が定着したあとに生まれた新しい概念だ。囲い込みがおこなわれ、それに激怒した男たちをなだめるために女性を男性の従属物のようにした、あの魔女狩りの時期には、お金に換算されるものだけを「仕事」と考える概念がまだ確実に定着していない状態だった。人々はみな家で農作業をしたり、ギルドのような職業別組合でものを作った。畑で育てた農作物で家族のお腹を満たし、余りが出れば市場にもってきて売った。家族に着せる服を家で作り、余った分は隣人のほかの品と交換した。自給自足に近いが、余剰生産物があれば交換や販売をする暮らし、つまり、中の仕事と外の仕事の区分がはっきりしない生活をしていたということだ。家族は家の中でも外でも、農作業をはじめとするさまざまな仕事を一緒におこなっており、性別によってやることが明確に分けられていなかった。それが、ある日突然、家族で耕し生計の拠りどころとしていた土地に持ち主が現れ、家族が食べていくには、その構成員の誰かが土地の持ち主あるいは工場の持ち主の下に入って労働力を売らなければならない状況に直面する。そんな状況におかれた人々は、飢え死にしないために泣く泣く低賃金できつい仕事をする生活を選ぶ。当時は「労働」や「労働者」という概念がなく、「労働者の権利」という概念も存在しなかった。明け方から夜遅くまで窓もない工場で働き、一食分の食事代にもならない賃金を受け取るのが普通だった。工場の外には生活の拠りどころだった土地を失い、そんな賃金でもいいから働こうという人たちが列をなしていたので、労賃がきちんと支払われるほうがおかしいことだっただろう。

マルクスはこのような状況を「本源的蓄積」と名付けた。共有地として使われていた土地を地主や権力者、資本家が独占し、その土地で生計を立ててきた人々を家畜の群れのように追い出して「労働者」にしたあと、その労働者たちをタダに近い賃金で使って莫大な富を蓄積する過程を「本源的蓄積」という用語で概念化したのだ。しかし、マルクスが考案したこの概念には重要な要素がひとつ欠けている。強制的に労働者となった人々の労働力を保ち、将来に労働者となる子どもたちを産み、かれらを堅実な労働者に育てて資本家のもとへと送る一群の人々。それは再生産者と呼ばれる人たち、すなわち「女性」だ。

著者は、マルクスが見落としたこのポイント、再生産者の概念に迫る。資本家が土地と安価な労働力をとおして莫大な本源的蓄積をなしたとすれば、労働力を提供してすずめの涙ほどの賃金を受け取った労働者は、家庭内で、無償で衣食住サービスを提供する妻をとおして集団的に本源的蓄積をなした。資本家が手にした利益に比べればいくらにもならないように見えるが、すべてのサービスが無償であったことを踏まえれば、男性労働者の立場ではすばらしい恩恵を享受したことになる。しかし、究極の恩恵にあずかったのは資本家だ。労働者を活用したあと家庭に送り返せば、その妻がしっかり食べさせ、きれいに着替えさせて、前日と同じ健康な肉体と清らかな精神状態に戻して再び送り出してくれるので、労働力の再生産を無償で獲得できる。資本家は労働者を1人雇用することで、(1)安価な労働力に、(2)労働力の再生産の無償提供、というおまけがついてきたわけだ。

マルクスの言う本源的蓄積が、資本家が労働者をとおして富を築いたという概念ならば、フェデリーチの言う本源的蓄積は男性が女性を搾取して権利を築いたという概念だ。そして、このような男性の本源的蓄積をとおして、資本家と国家は下流層の男性労働者が現実に対して抱いた不満を和らげることができた。女性という植民地を統治できるようにすることで。ところが、この植民地を安定的に維持するには、女性が家庭という領土の外に出られないようにしなくてはならなかったが、それは容易なことではなかった。考えてもみよ。昨日までは農作業、針仕事、村の患者の治療など、共同体レベルで働きながら能力を発揮していた女性たちだ。突然、家の中に閉じこもって家族の世話だけに専念しろと言われたら、これを素直に受け入れるだろうか。女性たちはこのような動きが起こりだした初期、囲い込みが始まったばかりの頃から抵抗した。共有地に垣根を張り巡らす行為に対抗して集団デモをおこない、誰でも実を採りに入れた森が私有地に変わり立ち入りが禁止されたときには、命がけで入っていって食べるものを採集した。子どもたちを育てなければならない女性たちは、たとえ火の中水の中、生計手段を守らなければならなかったのだ。世の中に存在するすべてのものに所有者を指定し、すべてのものに価格をつけて、息をして食べて寝るだけでも誰かが利益を得る体系を作るのに血眼になっていた人たち、すなわち資本家たちにとって、そんな女性たちほど目障りな存在はなかっただろう。かれらには、大声を出し、扇動し、自分の権利を失わないように全力で立ちむかってくる女性たちを統制し、鎮めることができる一発が必要だった。だからといって、むやみに弾圧することはできないので、適切な大義名分をまとった、もっともらしい方法が必要だった。それがまさに魔女狩りだった。神の名前を売ればどんなことでもできた時代の雰囲気を笠に着て、普通の女性たちを魔女に仕立てあげ、死に追いやったのだ。

これは、当時魔女狩りの犠牲になった人のほとんどが、赤ん坊を取り上げる産婆、薬草で隣人を治療していた女性、地主の横暴に抵抗するデモを組織するのに長けていた女性だったという点を見ても克明に表れている。家にとどまってひとりの男性労働者の食欲・性欲・安定欲求を充足させる従順な女性以外は、いつでも魔女にされるおそれがあった。家の中ではなく外で働こうとしたり、指定されたひとりの男性労働者、すなわち夫ではない他の男性と性関係をもつ女性は、悪魔と取引する女だった。病気の女性や望まない妊娠をした女性の中絶を手助けする女性は、悪魔と内通して神聖を冒涜する女だった。それは未来の低賃金労働者の生産を阻む行為とみなされたので。そして、悪魔と関係を結んだとみなされた女性たちはみな、火刑台に送られた。魔女狩りは、このように恐怖感をあおって女性たちを家の中に監禁する大々的な措置だった。

女性を家から出ない家事専業者にした結果、女性たちは薬草と治癒法の経験知を剥奪され、これによって新しい形態の囲い込みが発生した。現代的な観点で医術と呼ばれる行為、すなわち病気の人を治療することは、当時は誰でも経験と知恵があればできることだった。医学的な技術と知識が地位の高い低いや性別に関係なく、広く存在していたのだ。当時こういうことをしていたのは、主に村の年配の女性たちだった。長い月日にわたり人体と薬草、出産に関する知識を蓄えてきた老婆が患者を治療し、赤子を取り上げ、女性の避妊と中絶を助けてきた。魔女狩りでそのような老婆たちが火刑台の灰に消えたあと、かれらがしていた仕事は「専門家」と呼ばれる人たちのものになった。一定の資格要件を満たした男性が「医師」という名で村の年配女性たちにとってかわり、これは今日まで続く専門医療者の起源となった。

女性の身体に触れる整形外科、外科、産婦人科の医師の大半が男性である今日を生きる私は、しばし目をつぶって想像してみる。お腹の大きい私が同じ村に住む隣人のおばあさんのところへ行く場面を。おばあさんの手に身をゆだねて、耳慣れた優しいおばあさんの声を聞きながら、出産から来る不安と苦痛を和らげている場面を。私の体に手を乗せたおばあさんが語る体験談に耳を澄まし、先祖の女性たちの経験と知恵に包まれて不安を鎮める瞬間を。

魔女狩りによって女性たちの仕事場と生計手段が剥奪され、共同体での地位がむざむざと崩れ落ちていくのを見て、思い浮かぶ場面があった。同じ民族が互いに憎しみ合って銃口を向けた1950年の朝鮮戦争のあとに起こった「赤狩り」の場面。戦争後、朝鮮半島の南半分を統治した権力者たちは、政敵が現れれば「共産主義思想に染まった不純分子」とし「国家と民族の安寧のため」という名目で一挙に除去してしまったではないか。似たような例は国外でもいくらでも見つかる。冷戦時代の米国に吹き荒れたマッカーシズム、ナチスのユダヤ人虐殺など、歴史上の数多くの事件が欲に目のくらんだ人間がどれほど残忍になれるかを示している。結局、魔女狩りも既得権勢力が支配権を維持するために作り出したイメージ、収奪と搾取を正当化するために動員した悲劇だったのだ。

ほろ苦いのは、「魔女」だの「悪魔」だのという名前をつけて数万人の女性を虐殺した時代が人類の歴史において「啓蒙の時代」と呼ばれていることだ。科学的客観性と理性、合理を唱え、無知蒙昧な迷信から抜け出すことを主張した名のある男性学者たちが、「悪魔と内通した」だの「魔術を使って隣家の男を四肢麻痺にした」だのという罪名を羅列した文書と学術資料を配布し、女性たちを火刑台に送った。

さらに苦々しいのは、このような魔女狩りが過去のことだけではないという点だ。現代においても、前例のない貧困が拡散した地域や資源をめぐる強力な闘争が発生した地域では、女性の地位が急激に切り下げられ、大規模な虐殺がおこなわれるのがつねだ。『1980年代、1990年代にはケニア、ナイジェリア、カメルーンでも魔女狩りは報告されている。それはIMFと世界銀行による、新たな囲い込みをもたらし、人びとの間にかつてない規模の貧困化を引き起こした構造調整プログラムの押し付けにともなうものであった』[*9]。つまり、社会不安を誰かのせいにして犠牲にすることで体制を安定させる必要があったのだ。

しかし私たちは、地球上のどこかで、私たちと同じく息をして、言葉を話し、ものを考える人たちが魔女に仕立てあげられ殺害されているという事実を知らずに生きている。ヨーロッパやアメリカなど先進国で起こっていること以外はほとんど扱わないマスコミのありかたのせいだ。そのせいで私たちは、魔女狩りが非常に昔のことであり、私たちとは全く関係のないことだと思って生活する。

本の最後に出てくる著者の言葉を聞いてみよう。

だが、過去の教訓を現在に生かせば、八〇、九〇年代の世界各地での魔女狩りの再発は、「本源的蓄積」の一過程の明白な兆候であることに気づく。それが意味するのは、土地やその他の共同体資源の私有化、大規模な貧困化、略奪、かつては団結していた地域社会の分断の始まりが、再び世界的に緊急の課題となっているということである。[*10]

魔女狩りは現在進行形だ。遠くに目を向けるまでもなく、身近なところを見てみよう。文字通り人を魔女に仕立てあげて殺すことはないが、魔女狩りに代弁される、女性を生贄にする習慣は韓国社会のあちこちに今でも残っている。私たちのまわりに氾濫する言葉を見てみよう。味噌女《テンジャンニョ》【経済的な能力がないにもかかわらず、親や彼氏の経済力に依存してブランド品など贅沢な消費を好む女性をさす蔑称】、地下鉄女《チハチョルニョ》【地下鉄内で他人に迷惑をかける女性のこと】、犬糞女《ケトンニョ》【地下鉄の車内で飼い犬がした糞を処理せずに立ち去った女性のこと。投稿された写真から個人情報が割り出され、「ネット魔女狩り」と呼ばれた】、ママ虫【自分の子どもかわいさに、他人への配慮を欠いたり、無理な要求をしてトラブルを起こす人たちをさす蔑称】、キム女史【女性は運転が下手だという偏見から生まれた表現。線をまたいで駐車したり、交通ルールを守らない運転手をさす蔑称】……。誰かを断罪する言葉は、いつも女性形の名詞を含んでいるではないか。社会的に非難される事件が発生すると、あやまちを犯した当事者より、母親や妻、教師が責任を問われることがざらではないか。また、人生において最も重要だという冠婚葬祭の場から、不吉だという理由で女性が排除される慣例が依然として普遍的であるのを見ると、魔女狩りの火種はつねに近くに潜んでおり、燃え上がる機会を狙っていると言っても過言ではないだろう。

語り継がれてきた伝説をたどって遠くまで旅してきたような読書体験だった。私に今起こっている大小の事柄は、その根源をつきつめていくと過去のある時点に地球上に暮らしていた誰かとがっちり絡み合っているのだと身にしみて感じた。そして、マルクスの「生産」の概念には再生産が抜け落ちているという意味を正確に理解した。家事と育児で忙しく体を動かしていても「家で遊んでいる」と言われる理由は、ヨーロッパという遠くの地に住んでいた一群の女性たちの運命ともつながっていた。火刑台に縛りつけられた女性たちと私は、同じ地盤の、異なる時間帯におかれていたのだ。利益創出のためには人間がもつ感情や希望、紐帯意識、共同体の歴史、正義、利他心などいかなる要素でも容赦なく除去してしまう資本主義体制という地盤の、異なる時間帯に。

この本をとおして得たもうひとつの収穫は、男性の、男性による、男性のために確立された男性学者たちの理論と学術的成果をどのように消化すればよいのかがわかるようになったことだ。著者は、女性の体が集団全体として男たちの本源的蓄積の対象になったという主張を展開するにあたり、フーコーとマルクスの理論を準拠点とする。2人の男性学者の理論をスタート地点としながら、かれらが見落としたポイントに拡大鏡を当てて緻密に掘り起こしていく。フーコーとマルクスという巨匠の上に女性の視点をかぶせて補完したと言おうか。これは、切れ者の男性学者たちの優れた知的遺産を探検していても所々に現れるかれらの女性嫌悪的な視線をどのように受け入れればよいのかわからず悩んでいた私の、よい手本となってくれた。ショーペンハウアー、ニーチェ、フロイトのような男性学者の本を読みながら、女性嫌悪的な視線が多分にあるかれらの遺産を受け入れてもよいのか少なからず悩んだ私に、この本は明快な道筋を見せてくれた。かれらの遺産のうちよい部分を受け入れ、そうでない部分を批判せよ。そこからさらに進んで、自分ならではの方法で補完せよ。そうすることで、あなたも人類の知的遺産を築き上げる孤高の旅に加わることができるだろう。著者がこんなメッセージを発しているように感じた。

フェデリーチはこの著作により中世から近代へと移行する時期の歴史を編み直した。従来の中世史において所々空白になっていた部分を埋め、歪《ひずみ》が生じていた部分を直し、ぼんやりとしていた部分に鮮明なかたちを与え、ときには完全に新しいスケッチを描き入れる作業を通じて、人類史の巨大な壁画の新しいバージョンを完成させたのだ。緻密に、ときには果敢にペンを振り回すシルヴィア・フェデリーチの力強い言葉を追っていくことは、心の底からジーンとなにかが込み上げてくる、熱くて強烈な体験だった。

＊8　シルヴィア・フェデリーチ『キャリバンと魔女』（小田原琳、後藤あゆみ訳、以文社、2017年）163ページより引用

＊9　同337ページより引用

＊10　同378ページより引用

誰が、誰に、依存しているのか

マリア・ミース『国際分業と女性――進行する主婦化』
（奥田暁子訳、日本経済評論社、１９９７年）

「会社員」というと思い浮かぶイメージがある。端正なスーツ姿にスタイリッシュなノートパソコンを抱えた男性のイメージ。雪のように白いワイシャツを着た男性同士で会議をし、打ち合わせと打ち合わせの合間に慌ただしくキーボードを叩く。洗練されたメタルの腕時計をのぞきながら忙しそうに移動する彼の首からは、所属会社のロゴがついた社員証がぶらぶら揺れている。出張によく出かける彼は、国内では三成洞《サムソンドン》や江南《カンナム》駅に出没し、海外ではアメリカやヨーロッパのような先進国に出没する。あっ、手にもったコーヒーを忘れるところだった。世界的なコーヒー専門店のロゴが入った透明なカップの中で揺れるこげ茶色のコーヒーと四角い氷は、洗練された都会人、有能な男性のシルエットを完成させる最後のタッチとして機能する。

こんなイメージと対照的なのは、現実における自分の姿だ。2人の子どもの母親で、空いた時間に在宅パートタイマーとして働く私は、たいていゆったりとしたTシャツに楽な部屋着のズボンをはいている。月に2回くらい外出するとき以外、髪はいつもボサボサで、服には食事の準備をしたときにはねた各種食べ物のシミが招かれざる客のようについている。不規則に入ってくる小額の原稿料以外にはこれといった収入がなく、所属している会社や組織もない。このみすぼらしい女性は、外を歩いていて喉が渇いたときは、自販機の飲み物を2回くらい横目で見るだけで、家に着くまで我慢する。毎月収入より支出が大きくならないように気をつけて暮らしているうちに自然と体内に生じた「節約しなきゃ」という強迫観念のためだ。電気代を減らそうと、洗い物をする際にときどき台所の蛍光灯を消すシーンが、おそらくこの主婦のシルエットを完成させる最後のタッチだろう。

これらのイメージは対極をなす。最初のイメージの人物に似つかわしい修飾語は、すっきりした、時代に合った、忙しい、デキる、有能な、あたりだろう。もう一方のイメージの人物に似つかわしい修飾語は、小汚い、小心な、伸びきった、じれったい、あたりか。前者からはさわやかなアフターシェーブの香りが漂い、後者からはキムチのイヤな匂いが漂ってきそうだ。

これらのイメージはつねに頭から離れない。ひとりでものを考えるときにもついてまわり、親しい人たちと話をするときにもデフォルトとして想定される。ときには、自分をそういうイメージでとらえていることをもどかしく思うこともある。主婦のどこが悪い？　主婦がいなかったら誰が子どもたちの世話をして、家を切り盛りするというのだ。主婦としての自分の位置をなんとか高めようとするが、特定の場所に行くと、自分を「主婦」と紹介するまいとしている自分を必ず発見する。認めたくないが、主婦というイメージにはそういうものが混ざっている。自らを卑下し、避けて、隠したくなる、ある要素が。

そういう考え方は社会から来る。社会は母や妻の地位を認めて高く評価するように見せかけて、主婦という存在を見下していることがバレバレだ。品物を売るために流す商業広告では主婦を認めて尊敬するようなフリをするが、教科書的な教訓が必要な場合（例えば選挙遊説）を除いたほとんどの状況において見下した態度がにじみ出ている。詐欺賭博団の行状を伝える夜のニュースのアンカーが「専業主婦までもが賭博団の一員だったそうです」と言ったり、盆正月の風景を映す画面でエプロンをかけてにっこり笑っている主婦の姿を流したりするのがその代表的な例だろう。

では、私はなぜこのようなイメージをもっているのだろうか。なぜ、「洗練されたすっきりしたイメージ＝スーツ姿の男性」、「小汚くてもどかしいイメージ＝エプロンをかけた女性」なのか。なぜ私は前者の姿で生きたいと思いながらも、現実では後者の姿で生きているのだろうか。

『国際分業と女性――進行する主婦化』の著者マリア・ミースは、資本主義の華麗な姿を支えている3大要素として女性、自然、植民地を挙げる。資本が商品を売って利益を得るためには労働者と天然資源が必要だが、この2つの要素を作り出す下位要素が女性と自然、植民地というわけだ。女性は男性労働者に食事・睡眠をとらせて「再生産」し、自然は商品を作るのに必要な資源を供給する。そして、最近は開発途上国という名で呼ばれるようになった植民地は安価な労働力と天然資源を同時に提供してくれる。先進国が忌避する公害産業を抱き込むことで先進国の自然を保護する役割までしているのだから、植民地は先進資本主義体制を支える総合ギフトセットとして機能していると言っても過言ではないだろう。

私たちはよく、性別分業とそれに起因する権力関係は前近代的文化の残滓であり、そのような残滓を一掃すれば男女が平等に暮らせると考える。しかし著者は、性別分業は前近代文化の名残ではなく、現代資本主義体制を構成する核心要素だという。男性が家族賃金を稼いでくる労働者となり、女性がそのような男性労働者を無償で再生産する役割をつとめてこそ、資本が安い労働力で大量の利益創出をなしとげることができるからだ。性別分業が崩壊すれば、企業家は無料で提供されていた労働者の再生産に別途コストをかけなければならない。そうなると、利幅が減り、今のような利権を享受できなくなる。

性別分業が重要なのは生産的な側面だけではない。家に残って家事を担当する主婦は、生活のために企業が作り出すさまざまな生活必需品と贅沢品を購入する。買い物を「担当する」性別が決まっていて、賢く消費することが大変な価値をもつことのように美化されれば企業はものを売りやすくなるので、女性が家事の担当者として家に残ることはとても重要だ。女性は男性労働者を無償で再生産することで企業の生産コストの節減を助ける一方、家事の専担者として企業が製造した商品を消費することで、資本主義を全方位的にバックアップする。このように性別分業は前近代の残滓ではなく、資本主義の本質そのものだ。だから、家父長的な男女関係は人々の善良な意志や思考の拡張、価値観の再確立では打破できない。著者はこれを「意識、イデオロギー、文化の領域での闘いを重視すること は、構造的欠陥や欠乏を見えなくする」結果につながりかねないとし、フェミニズムがイデオロギー的に走る現象を警戒する。

著者のこのような認識は、マルクスの『資本論』に対する批判へとつながる。マルクスが資本主義は労働者と資本家という2つの要素で構成されていると誤認したせいで、マルクス以降、すべての思想の流れがこの二大範疇から抜け出せなくなった。著者によると、資本主義は労働者と資本家という2つの軸からなるものではなく、労働者と資本家と再生産者（女性・自然・植民地）という3つの軸からなっている。労働者と資本家は女性・自然・植民地という巨大な氷山のてっぺんに位置する極めて小さな部分に過ぎず、女性・自然・植民地という非資本的再生産の軸が崩れたら、労働者も資本家もそれ以上存続できない。したがって、労働者が自分の妻を食べさせているという概念は間違っている。労働者が妻を扶養しているのではなく、妻が、労働者が働きに出られるように扶養しているのだ。言い換えれば、妻が夫に依存しているのではなく、夫が妻に依存しているということだ。

資本主義を存続させる分業は男女関係においてのみ起こるものではない。同じ女性のあいだでも分業が起こる。著者はこれを地球レベルで説明する。開発途上国の女性が一日の食費にもならない賃金をもらって作った商品が、先進国の女性が利用するスーパーに安価な消費財として陳列される風景を大きな絵に描いて見せる。この過程で動員されるのが「主婦化」という概念で、これは社会全体的に女性のアイデンティティを「主婦」と規定し、媒体を通じてそのイメージを広める現象をいう。女性を主婦、または今後主婦になる人と仮定することは、資本家がとんでもない低賃金で女性を雇用することに悪用される。この概念を追っていくうちに、過去の自分をはじめとする多くの女性たちの姿が思い浮かんだ。結婚前に会社で補助的な仕事をし「お嬢さん」と呼ばれる女性。結婚して子どもを産んだあと半強制的に会社を辞めることを選ぶ女性。子どもをある程度育てて再び社会に出たものの低賃金労働に従事する中年女性たち……。一般に「女子社員」と呼ばれる最初のケースの女性が社内の同年代の男性よりも低い賃金で補助的な仕事をするにとどまるのは、この女性がのちのち結婚して主婦になったら辞めるという仮定が内在しているためだ。2番目と3番目のケースの女性は、主たる稼ぎ手である夫がいる「専業主婦」と仮定されるため、「おかず代」または「子どもの塾代」程度の賃金だけでよいとみなされる。すべての家庭の夫が賃金労働に従事しているわけではなく、女性が「家長」であることも多いにもかかわらず、女性は主婦なのでお金をたくさん受け取る必要がないという考え方は揺らぐことがない。

資本が女性の労働力を安く買い叩くための万能の根拠となる専業主婦イデオロギーは、過剰開発社会（著者は先進国をこのように呼ぶ）と開発途上社会とで異なる様相を見せる。

ヨーロッパとアメリカでは多くの労働者が「働かない」主婦を食べさせることができるのに対し（植民地を搾取しているので）、第三世界の大多数の男たちは「働かない」主婦をもつ立場にいない。このため、女性にとっての所得創出戦略は第三世界の圧倒的多数の女性たちが経験したことのない女性のイメージに基づいている。カリブ海諸国では全家庭の三分の一の世帯主は男性ではない。[*11]

開発途上国の女性がこのように安値で自分の労働力を売ることを余儀なくされているあいだ、過剰開発国の女性は専業主婦として家に残り、スーパーに山積みにされた消費財を消費するのに時間を使うのがよいとされる。店に並んだ色とりどりの工業製品と食材を見て選ぶのに困っている過剰開発国の主婦たちは、それがすべて自国の生産力が向上したためだと思うが、実はそれらはどれも開発途上国の女性の労働力を搾取した結果だ。このように女性たちは、地球の一方では安価な労働力として搾取され、一方では消費専門家としての役割を押し付けられるが、分業化され先端化した産業資本主義内では、誰も自分がスーパーで手にした商品がどこの誰の手によって作られたものなのかわからないので、両極に立っている女性たちはその因果関係を知らない。

人々はよく「今は男女平等が進み、女性も生きやすい時代になった」と言う。私もそう思っていた。ところが、この部分を読みながら、「平等な男女」というときの「女」のイメージはたいてい西側先進国の女性から来ていることに気づいた。アメリカのドラマ「セックス・アンド・ザ・シティ」に出てくるキャリー・ブラッドショーのように、専門的な仕事につき、お金に糸目をつけず、男性と対等にセックスや遊びを楽しむ女性を現代の「女性像」と仮定してきたという事実に。しかし、キャリー・ブラッドショーのような女性は、アメリカや西ヨーロッパだけに存在する、その中でも一部の白人女性だけが該当する極めて例外的なケースなのだ。アメリカと西ヨーロッパの数多くの女性が、そして開発途上国の大多数の女性が、中世や近代初期から少しも改善されずに、ひどく搾取されながら暮らしているのだった。それを認識できなかったのは、大衆メディアやエンターテインメント産業をとおして白い肌の洗練された西洋女性のイメージを毎日当たり前のように見てきた「私」のようなアジアの中産階級女性の限界だった。見えるものだけを見て、聞こえるものだけを聞いていた人間の限界。

この本を読んだあと、私は「夫が稼いでくるお金で楽に暮らしているではないか」という言葉に、こう答えられるようになった。「夫が稼いでくるお金で私が食べさせてもらっているのではない。私が炊事、洗濯、掃除、子どもの世話を全部しているから、夫が心おきなく外で働いてこられるのだ。私がいないと仮定してごらん。子どもたちの面倒を見て家事をしながら、決まった時間会社にいられる？　2週間の出張にいつでも行ける？　私がやっていることを他の人にお金を払って頼もうとしたら、夫の給料を全部使っても足りない。〝私〟という非賃金労働者がいるから、夫は賃金労働ができるのだ。だから、私たちの関係は誰かが誰かに一方的に依存しているとは言えない。私たちは相互依存的な関係なのだ。ほかのすべての人間関係がそうであるように」。

もちろん、毎回こんなに長く真剣に、戦闘モードで話すわけではない。場合によっては「夫が稼いできてくれる」という言葉を笑って聞き流すこともあるし、上述した内容のうち一言か二言だけ言って、冗談半分に「そんな風に言われると傷つく」という暗示を出すこともある。重要なのは、私がそういう言葉を前にしても気後れしなくなったということだ。「家で遊んでいる」、「夫が稼いできてくれるお金」といった言葉が出てきても、私は以前のように慌てたり悔しさで顔を真っ赤にしたりしない。昼間言われた言葉を思い出して、夜通し眠れずに寝返りを打ったりもしない。相手の口から飛び出してきた言葉の根源がどこにあるのか知っているから。それが地球規模のクモの巣構造の一番端っこに引っかかった人たちのあいだで行き来する言葉だということをよく知っているから。私は相変わらずお金の出ない家事をして、家で「遊んでいる」ように見える状態で暮らしているが、そして、これからもそうだろうけれど、私の心の中で私はもう遊んでいない。私は外から見たらそうカッコよくは見えないが、人間を産んで育て、病人の世話をするという、人間がする労働の中で最も価値のある仕事をしているのだ。その通り。生命を産んで育て、世話をすることのどこが、会社に就職して誰かに根本的に必要でないものを買わせようと躍起になることより価値が劣るというのだ。いくら洗練されたスーツを着て、きらびやかなビジネス街の高層ビルに出入りしたとしても、結局のところ会社員は、社長というひとりの人、あるいは何人かの株主の懐を肥やすための仕事をしているわけではないか。もちろん、こう言っている今この瞬間にも心の片隅では「それでも着飾って外に出て働きたい！　知らない人たちにもまれながら資本主義のど真ん中というものを体験したい！」という思いが揺らめいているが、私の心は決して以前のように不安がったり悔しがったりしない。自分がしていることがなんであり、自分が属していない種類の人たちがしていることがなんであるかを知っているから。

揺らがないためには、考えがしっかりしていなければならない。性差別的な既成概念で綴られた言葉が飛んできたときにけおされたり敵愾心を燃やさないためには、自分を強くしなければならない。性差別的で女性嫌悪的な言葉で不意に攻撃されたときに落ち着いて対応するためには、漠然とした怒りや悔しい感情を超えたなにかをもっていなければならない。たとえば、周囲の人の口から出てきた一言が含みもつ歴史的・文化的な意味を読み取る洞察力、自分という人間が立っている氷山に気づける知力、まじめに勉強して身につけた論理など。そういうものを身につける過程で一番最初に起こるのは「自分自身の説得」だ。言われた言葉や起こった現象に対し確かな主観をもっていないと、話を始めていくらも経たないうちに、長い歴史と慣性をもつ通念的な言葉にやられてしまう。考えがしっかりしていれば他人から飛んでくる社会通念に動揺しないですむし、動揺しなければそれに対抗できる。この本は私にそういう道を教えてくれた。見えているもの以上を見て、聞こえているもの以上を聞けるようにする筋力を鍛えるために歩むべき道を。

『国際分業と女性――進行する主婦化』は、女性の再生産、すなわち家事労働と育児を扱った本の中で最も密度の高い本だった。核心となるテーマは世界の女性の分業体制だが、それ以外にもフェミニズムの種類と歴史に対する概括、生産力増大に関するマルクスの非現実的な楽観に対する批判、男のセクシュアリティに心を奪われていたフロイトに向けた手厳しい一言、食物連鎖のように連続して搾取が起こる構造、女性の財産没収という観点から見た魔女狩り、地球のあちこちで女性の体に加えられる暴力行為など、さまざまな問題に細かく光を当てていく。そして、これらすべての問題を世界規模でおこなわれている資本の蓄積という問題と結びつけて、マクロ的に見せてくれる。家で遊んでいると言われて鬱憤を感じている人、あるいは、主婦は家でだらだら遊んでいるくせにどうしてそんなに不満が多いのか気になる人、言葉の変化と意識改革の側面からだけでなく物質的で具体的な側面から性別分業をのぞいてみたい人、体系的に整理されたグローバル経済学書を読んでみたい人にお勧めする。

＊11　マリア・ミース『国際分業と女性――進行する主婦化』（奥田暁子訳、日本経済評論社、1997年）179ページより引用

共存のためになにをすべきか

パク・カブン『フォビアフェミニズム』

友人とランチをしながら育児について話をした。今でもつきあいのある数少ない異性の「友人」である彼は、高校時代に同じサークルで出会って以来、20年以上にわたり切れそうで切れない縁が続いている。昔の私を知っているが私と異なる属性をもつ人という希少性のため、その友人の言葉にはじっと耳を傾けてしまう。

「韓男《ハンナム》【ラディカルフェミニストたちが韓国の男性全体をさげすむ意味を込めて使い出した卑俗語。もとは韓男虫と呼ばれた】はダメだね」

家事と育児の苦悩について語っていた彼が突然言った。共働きをしながら2人の娘を育てているが、結局、育児の負担が妻にまわっているという話に、こう結論を下したのだ。

「ダメってなにが?」

澄ました顔で聞き返して、自分のフォークの器に箸を戻したが、内心ちょっと驚いた。自分も男なのに「韓男」だなんて！　自分と同類の人たちをさげすむ言葉をサラリと口にした彼は、30代までは性別問題をめぐって私とたびたび火花を散らした「保守的な韓国男性」だった。

「正直、妻のほうがデキるんだよね。俺より稼ぎもいいし。なのに、子どものせいでちゃんと働けてなくてさ」

生まれて100日になったばかりの2人目を保育園に預けているが、どうにも難しくて、妻が会社を辞めようか深刻に悩んでいるという話をしながら、友人がため息をついた。

「で、ヤバイのは、俺は心の中で密かに彼女が辞めることを望んでいるんだよね。そしたら、残業のたびに顔色をうかがいながらお互いにピリピリしなくていいと思っちゃって。そういうのを見ると、やっぱり韓男はダメだなって思う。自分のことしか考えてない」

「なにそれ？　遊んでて子どものお迎えに行かないわけじゃないじゃん。仕事のせいで迎えの時間に間に合わないからでしょ？」

思わず声のトーンが上がり、口から唾が飛んだ。それのどこが自分勝手なの？　それがどうして韓男のせいなの？　あんた、子どもの迎えに行かないで飲みに行ったの？　キャバクラで遊んでたの？　会社に残って仕事してたんでしょ！　あんたの妻だって、残業の日はあんたに子どもの迎えに行けって言うじゃない。そしたら、あんたの妻はキムチ女【男性に対して高望み・依存しており、都合が悪くなると男女平等をもちだす女性をさす蔑称】なの？ママ虫なの？　違うじゃん。

首に青筋を立てる私をじっとながめていた友人がふっと笑い出した。

「アウン。きみ、ずいぶん変わったな。昔だったら、この韓男クソ野郎どもめ、みんな掃いて捨ててやるって今頃100回は言ってるよ？」

友人に言われて、私はようやく自分を落ち着かせた。ホントだ。私、どうしたんだろう。

「変わったのはそっちだよ」

私はちょっと睨むと、フォーの器を手に取ってスープを飲み干した。

ともに過ごしてきた月日の大部分において、私は主に男性中心社会に腹を立てて抵抗する役割を、彼はそんな私をなだめる役割をしてきた。彼は普段「女が」という言葉をすぐ口にして平気で性差別をするタイプではないが、先輩たちの男性中心的な行動に直接抗議をすることもない、要するに、心の中では間違っていると思っても慣例に反旗を翻すより黙って受け入れるほうを選ぶ、よくいる「普通の」韓国の男だった。そして、私はそれでも友だちかと、私について、私が属している種について理解できない彼を、薄情だと恨み、非難した。私たちの10代と20代の8割は性別に関する口論で綴られていた。

「あんた、いつから韓男って言葉、使い出したの？　ビックリだよ」

私たちはお互いの変貌について、もとの姿がどんなだったかについて、とりとめもなく話しながら現在と過去を行き来した。権威的な男の先輩たちになにかにつけ盾つく私を必死に押さえこんだ話、合宿でどうして女だけが食事の用意をしなきゃいけないのかと暇さえあればブツブツ言う私を黙らせるためにどれだけ気をもんだかという話が交わされ、彼の1時間の昼休みが終わって席を立つときには、20代に戻ったように懐かしい雰囲気から出たくなくなっていた。

「娘を育ててると、韓国の男たちがどれだけひどいか、目に入るようになってさ」

立ち上がりざまに彼がこう言った。一瞬、私はぼうっと彼を見上げた。娘かぁ……。これだったのか？　彼と私の変貌の原因は、それぞれが扶養している子どもたちの性別だったのか？

パク・カブンの『フォビアフェミニズム』を手に取ったのは、純粋な好奇心からだった。フォビアフェミニズムだなんて。いったい、誰がこんなタイトルの本を！　大胆にもどうしてこんな本を！　好奇心からすぐに買って読んだ。ときどき、価値観がかけ離れた人が書いた本も「どれだけ変な論理を展開するのか、いっぺん見てやれ」という思いで手にすることがあるのだが、この本がそんなケースだった。

弱者である女性の立場から世の中を見て変えていこうというのがフェミニズムではなかったか。そして、女性の立場に立ってみた経験をもとに、それ以外の弱者にも半径を広げていこうというもののはずでは？　なのに、恐怖のフェミニズムだなんて。恐ろしさで震え上がらせるフェミニズムだなんて、なにバカなことを言っているんだ。私はでたらめな論理や偏った先入観のひとつひとつに嘲笑を送ってやろうと、読む前から感想を決めつけて、どぎつい色遣いに強烈なタイトルの本『フォビアフェミニズム』を手に取った。毒舌に満ちた幼稚な本だと断言しながら。それでも、こういう部類の人たちがどんな論理を展開するのか知っておく必要はあるからと、自らに「無駄な読書」に対する免罪符を与えながら。

本はトランプの大統領当選の風景から始まる。著者は、アメリカ大統領選挙でヒラリーが負けた理由を、ヒラリー本人が言う「ガラスの天井」ではなく、アメリカ左派の「アイデンティティ政治」と「政治的正しさへの執着」に見る。アイデンティティ政治とは、人が人種・性別・障害の有無などによってひとつの重要なアイデンティティをもつと仮定した上で、そのアイデンティティに合わせてすべてを説明し結束しようとする動きをいう。アメリカの左派に典型的な動きで、その過程でかれらは倫理的に正しいものがなんであるかを規定し、それと異なる考えをもつ人たちを非難し、攻撃する。アメリカの大衆が拒否感を抱いたのはこの部分だった。なにが正しくてなにが間違っているのかを一方的に決め、自分たちの路線にしたがわない者を断罪し、教育しようとする人たちの傲慢と独善。『フォビアフェミニズム』の著者パク・カブンが第1章で細かく描写したアメリカ政界の風景は、あとに続く章で独善的に流れる韓国のフェミニズムに対する批判を展開するのに効果的な下地となる。

よその国の大統領選挙の風景をじかに経験してきたかのように生々しく描写し、鋭く批判する最初の章を読んで、すぐにわかった。この本が「世の中にそんな風に思って暮らしている人もいるんだな」というねじれた快感を与える類の、屁理屈を並べ立てた本ではないということが。そんな本として片付けるには論理が実にしっかりしており、他の人の言葉や文章を適材適所に引用しているうえ、批判したい事案に対して無条件的な非難を浴びせたり、自分の論理を裏付けるために小さなエピソードを大げさに誇張しない書き方だった。なにを言いたいのかをしっかり意識して話を進めていくのでするする読めるし、文章に誇張や虚勢がないので途中で顔をしかめて本を閉じることもなかった。要するに「悪くない本」だった。

第2章からは韓国の一部左派とメディア、フェミニズム陣営に対する本格的な批判が始まるのだが、具体的な根拠を挙げて展開される著者の論理を追いかけながら、自分の中に生じるさまざまな感情と遭遇することになった。それは、ときにはうなずき、ときには激しい反感を覚え、ときには恥ずかしくてどうしようもなくなるという意外な旅路だった。真剣に読む類の本ではないと決めつけて手にした本だったため、去来する感情の幅と強度がさらに大きかった。

「立ち止まって考える」という見出しの第3章で著者は、フェミニズム陣営の主張に対し「ファクトチェック」という名で反論する。この中で最も興味深かったのは、家事労働時間と性別賃金格差に関する部分だ。

韓国はOECD諸国のうち最も大きい男女間賃金格差を記録する国であると同時に、各世代別にみた男女間賃金格差の開きが最も大きい国でもある。それは逆に言えば、韓国はこれまでの男女間賃金格差に比べ、若い世代の男女間賃金格差がはるかに小さいという意味でもある。このような状況において若い男性たちは、過去から累積してきた男女間賃金格差の責任が自分たちに転嫁されるのは不当だと考える。なぜなら、かれらは自分たちには男女間賃金格差を招いた責任がないと考えており、かれらが敏感に反応する比較対象は自分たちの母親や叔母ではなく同年代の女性であるためだ。[*12]

女性運動が最も力を入れて批判する部分である性別賃金格差を、著者は「男と女という単位にまとめて見るのではなく、世代別に分けて見よう」と言う。性別賃金格差は上の世代にいくほど大きくなっており、これは「性差別的な陰謀」によるものではなく、急激な近代化を迫られた韓国において、既婚男女間の制度化されたトレードオフ関係から出た結果と見なければならないと。また、若い世代では性別間の賃金格差が大きくないので、これを男女間の対決構造にもちこむのではなく、男と女という集団をそれぞれ世代別、階層別に分けて、現実的で具体的な解決策を導き出そうと提案する。そして、その解決策として「長時間賃金労働の慣行打破」を挙げる。男性が女性より高い賃金をもらっているのは、主に男性が残業をはじめとするきつい仕事に従事しているためであり、これを打破するためには、日々の生活のあまりに多くを「仕事」につぎ込まざるをえない社会全体の構造を問題視しなければならない、というのだ。会社で不利な待遇をされる女性も苦しかっただろうが、長時間働いて「家族賃金」を稼ぐ男性も労働市場と家庭の両方で家長としての重圧感に耐え、苦しんだだろうという点も付け加える。

「男は仕事、女は家庭」という社会通念を既婚男女間の制度化されたトレードオフと言っている部分ではたじろいだ。社会的な強制を自発的な取引と見るなんて。男の立場ではそんな風に見えるのかと苦笑いしてしまった。しかし、それ以外の指摘はなかなか説得力があった。男女間の賃金格差は家父長制が女性を抑圧するために作り出したものではなく、歴史的・社会的な状況から生まれたものだという説明には、完全にではないにしてもかなりの部分同意できたし、その過程で男性も二重のプレッシャーで苦しんだだろうという点にはなお共感した。

一部のフェミニストたちは賃金格差さえも「ミソジニー」の結果だと主張する。しかし、賃金格差は経済構造および家族構造の変化が関係しているだけで、女性嫌悪とは全く関係がない。それは社会構造の問題を個人の意図や内的性向の問題に帰属させる誤りに過ぎない。[*13]

この部分はかなり骨身にしみた。普段、「ミソジニー」という言葉をよく口にしていた自分の姿がオーバーラップし、自分が現象を奥まで見ずに、安易にあちこちにその言葉を利用していたことに気づかされた。もちろん、著者の主張のように賃金格差は女性嫌悪とはなんの関係もないとは言えないだろう。経済の多くの現場で女性が女性であるという理由で能力に関係なく排除される現実を女性嫌悪と完全に切り離して考えることはできない。しかし、「ミソジニー」という言葉があまりに広範囲にわたって伝家の宝刀のように使われているという面で、ときには全く関係のない問題にも見境なく使われているという面で、著者の指摘は傾聴に値する。ひとつの論理で世の中のすべてを説明しようとすると、結局、教条主義的な独善に陥ってしまいがちではないか。

性別賃金格差を社会構造と歴史的な脈絡からながめる機会をもったことで知ったもうひとつの事実は、片方の性に過度な負担がかかると、それがもう片方の性にも影響を及ぼすということだ。女性に過度な家事労働が負わされている分だけ、男性には家族を食べさせるお金をなんとしてでも稼いでこなければならないという重圧感がある。このポイントに注目することは重要だ。性別による賃金差が男性にも負担や苦痛として機能したという事実にスポットを当てれば、性差別的な賃金体系を崩すことが男女両方のためになるという主張に説得力が生じるためだ。女性の賃金が低いことへの怒りを男性に向けて「ルーズルーズの関係」を作るのではなく、男と女が力を合わせて労働時間を減らすよう圧力をかけていこう、働いた時間に対する適正な賃金が支払われるようにともに連帯しようという著者の主張は、なかなかに胸に響いた。

性別賃金格差を扱った第3章は最も新鮮で印象的だったが、同時に後味の悪さも残った。著者は性別賃金格差が生じる理由として(1)女性は長時間働かない、(2)高収入が得られる工学系統の仕事を女性が忌避する、(3)世代別に検証していないため正確な実態を反映できていない、を挙げる。ところが、その理由の説明のしかたがあまりに機械的なのだ。数値と統計を動員して、まるで数学の問題を解くかのように説明していく。「フェミニズム陣営はファクトではなく推論と過度な意味づけによって論点にアプローチする」という自分の批判を意識したためだろうか。自分が「ファクト」を動員していることを見せようとする様子がありありと見て取れる。だが、そんな風に「客観的」な数値と論理だけにこだわると、全体的な社会現象の連関を見抜けず、複雑なコンテクストを見落としやすい。これは『フォビアフェミニズム』全体をとおして残念に感じた理由でもある。

著者の主張にはファクトはあるかもしれないが、女性が長時間労働やきつい仕事を避けることになる社会的・文化的地盤に対する洞察が欠けている。つねに容姿端麗であれという暗示を受ける女性が、化粧をするのが礼儀だと言ってはばからない人々のあいだで日常を営まなくてはならない女性が、子どもを産んで育て精神的に支えるのは全的に母親の任務だという社会全体レベルの洗脳に苦しむ女性が、どうしたら大変な仕事をしながら積極的に残業までできるのか。女性が長時間頑張らなくてはいけないコアな仕事をしない（またはできない）理由は、女性の選択というより、「男は仕事、女は家庭」という社会の意志が重々しくこだましていることと、そこから派生した複合的な制度的・慣習的なメカニズムのせいだ。この本が言うには、一日中家の中と外を行き来しながらさまざまな難易度の用事を片付ける私、なのに、そのように生きていることをいつも社会からバカにされなければならない私は、長時間勤務をしたくなかったから自ら家にいるほうを選んだに過ぎないということになる。が、実際の私はそうだったか。働くのが「イヤだから」会社を辞めたのか。自信をもって言うが、絶対にそうではない。私はずっと働きたかったし、今も働きたいと思っている。これからもどうにかして社会に出る機会を虎視眈々と狙って生きていくだろう。なのでこの本は、特に第3章は、新鮮な目のつけどころだと感じる余地はあったが、心に重く響いたり、悩んでいた問題に対し根本的な洞察を得ることはできなかった。

よくよく考えてみると、それは幅広い思考の欠如というか、あるいは人生経験の少ない人が冷徹さだけを炸裂させたところから来る荒涼感というか、そういうところから来ているように思う。『フォビアフェミニズム』は、女性が長いあいだ二等市民であったという大前提を看過している。著者が言うように、賃金格差と家事労働、あるいは戦争のような状況において、男女はいずれも苦痛を受けただろう。一部のフェミニストが主張するように、この理不尽な現実において女性だけが苦しんだわけでは決してないだろう。男性も「死んでも妻子を養わなければならない」という過度な責務ときつい汚れ仕事を当然のように背負わなければならない状況のせいで、苦労して生きてきたと思う。

しかし男はつねに一等市民であり、基準点であり、「人間」だった。今もそうだし、おそらくこれからもそうだろう。男性は当然のごとく住民登録番号の後ろの数字が1（あるいは3）で始まるし【韓国においてすべての国民に出生時に与えられるID番号。生年月日を表す

6桁に、性別1桁+ランダム6桁で構成され、性別の部分は男性が1、女性が2となっている（2000年以降出生者は男性が3、女性が4）】、親戚の集まりでじっと座って食事が出てくるのを待っていても「しつけがなっていない」と厳しく非難されることもない。また、兵役についた見返りに市民として認められる制度の対象外でそもそもが市民扱いされていないのに、ある日突然「軍隊に行かないズルいやつら」と非難されることもない。小学校・中学校の義務教育課程ではもちろん、その後の高校・大学生活、社会生活の中で、すべての教育内容の主体が「男性」で、女である自分の立場ではあの講壇に立っている人の話をいったいどのように消化すればいいのかと戸惑う状況を毎日毎日経験しなくてもよい。映画館に行けば行ったで、スーツを着こなした男たちが画面を縦横無尽に走って活躍するわきで、女性はたまに、それも素っ裸で出てきて男性の性欲を解消するだけの役割をしたり、もしくは現実には絶対にありえない天使の姿で出てくるのを見ながら、映画のどこに共感すればよいのかわからず狼狽する経験をしなくてもよい。テレビのニュースに出てくる国会議員の全員または95パーセントがネクタイをぶらさげた男性である光景や、時事問題番組と教養バラエティ番組に男性がぞろぞろ出演して男の観点から見た話をし、それが「人々」一般の話であるかのように広まるのを見ながら、毎回苦々しい思いをしなくてもよい。

個々の事柄から生じる苦痛の量が同一であっても、その苦痛に主体として参加する人と客体として参加させられる人とでは感じ方が全く異なる。飲食店で同じように接客をするにしても、オーナーは心からの笑顔、従業員は作り笑いを浮かべるのと同じ話だ。著者が見落としているのはここだ。これは著者が例に挙げたすべてのケースの根底に基本としてある前提だが、これを見落としているがために、この辛辣な本は心にずっしり響くことなく、ただ斬新な論理の饗宴という印象を与えるだけで終わってしまう。大前提を無視して、機械的に結果だけをもって男女を比較するため、読者を心の底から説得できないのだ。また、これはフェミニズム陣営があれほど多くの時間と労力をかけて性平等を議題化しようとする理由でもある。二等市民あるいは透明人間の言葉は、どんなに力説しても、もとから一等市民で基準点だった人たちの言葉ほど影響力を発揮できないからだ。これは、著者が主張するように、20~30代の男性は前の世代の男性と完全に異なる存在だと言い切れない理由でもある。何千年も受け継がれてきた基準点としての男の役割から完全に離脱していられる男は基本的に存在しないので。

にもかかわらず、この本のインパクトは相当なものだった。それは、ここ数年にわたり徐々に増幅してきたひとつの姿勢、ひとつの態度について考えるきっかけをくれたからだ。

政治的正しさの名のもとにおこなわれる匿名の暴露が、有名人だけでなく一般人の生活も破壊しうるということを如実に示している。これは、匿名の暴露と拡散によって生じうる予期せぬ被害に対する感受性の向上と被害救済に対する議論が必要な理由でもある。[*14]

本の3分の2を過ぎたあたりで出会ったこの一節を読んでいて、いろんな人物が頭をかすめた。相手女性の嘘の暴露によってイメージに致命傷を負った男性作家、同僚教授の策略で性暴力の加害者にされ自ら命を絶った某大学の男性教授、付き合っていた女性に性暴力を告発されてイメージに致命傷を負った若い男性コメンテーター……。メディアの発達と女性運動の潮流のあいだで不運な目に遭い、イメージダウンしたまま一生を過ごすことになった男性たちの顔のあと、先日ランチをともにした友人の顔が浮かんだ。そして、そのあとに続いたのは私の息子たちの姿だった。全く接点がないように見えたかれらが同一線上に並んだ瞬間、電気が走ったかのようにピンときた。ああ、そういうことか。

私が性暴力犯にされた男性たちを見て同情していたとき、自分を「韓男」だと自嘲する友人をそうではないと一生懸命かばったとき、私はいつもそこに自分の息子たちを召喚していた。息子たちの未来の姿を投影しながら事案を見ていたのだ。息子たちもそんな目に遭うかもしれない。「韓男」だと自嘲するかもしれない。友人が自分の属する集団を「韓男」と呼ぶようになるほど女性に加えられる社会的な圧迫に敏感な人に変貌したのも、結局そういうことだろう。将来の娘たちに感情移入して味わった不当さ。身近に毎日接する別の生命体を見て、自分とは「異なる」存在について知り、理解し、受け入れ、ついには同じ人間として憐れむこと。それが私と彼が若い頃と反対の方向に歩むことになった理由だった。

私が『フォビアフェミニズム』という本に手を伸ばしたのも、もしかしたらこのような立ち位置が理由ではないだろうか。20代の私だったらタイトルを見た途端に目を背けただろう本に好奇心をもったのも、さほど好きなタイプの作家ではないが、なにを言っているのか一度聞いてみるかという気持ちで本を開いたのも、全的にではないが部分的に同意してうなずいたのも、2人の息子の母親という私の存在条件に関係しているのではないか。

私が考える「自分」という人間は、私の「自我」と呼ばれるそれは、実体があるのだろうか。もしかしたら、それは不変の固定的なものではなく、そのときどきに形成される流動的なものなのではないだろうか。今のこの考えを明日もそのままもっているだろうか。疑問が波のように押し寄せ、その波に乗って私は次の読書へと向かった。以前の私だったら絶対に読まなかった部類のアンチフェミニズムの代表作と呼べる本、『フォビアフェミニズム』にも相当な影響力を及ぼしたと思われる、そんな本に向かって。

＊12　パク・カブン『フォビアフェミニズム』（未邦訳）１５５ページより引用
＊13　同１５８ページ
＊14　同２２３ページより引用

内側の見えない自分をどうのぞき込むか

ロイ・バウマイスター『消耗する男』(*Is There Anything Good About Men?*)

『消耗する男』は、ロイ・バウマイスターというアメリカの男性教授が非常に極端な「仮想のフェミニスト」を相手に反論を繰り広げる形式で進化心理学的な男性論を説いた本だ。最初に読んだときは、女性に対し表面的な現象だけをもって断定するお決まりの型のせいで、本を閉じてしまいたい衝動にかられた。この作家は、言わば私が生きていく中で出会った「オヤジども」、もしくは男だという理由で私に説教しようとする一部の男性たちを代表するような人だった。そして、そんな男性の典型だという思いが、最後まで読み進める原動力になった。こういう男たちはいったいなにを考えているのだろうか。よく知りもしないくせに、どうして女性についてあんなに知ったかぶりをして、なにかを教えようとせずにはいられないのか。かれらの思考を理解し、かれらがなぜあんなに偏狭で意地悪なのかがわかれば、今後そういう部類の人たちに会ったときに興奮せずに賢くその場をやり過ごせるだろうというもくろみだった。

著者の主張は大きく2つだ。ひとつは「男だからといって全員が支配者で特権層ではない」というもの。女性はよく男全員が女性の上に君臨して楽に生きていると勘違いするが、実際にそうやって生きている男はごく少数である。ごく少数の上流層の男だけが大金を所有して威張り散らしているに過ぎず、残りの大多数は社会が求める過酷で危険な労働をしながら自らを消耗させているのだ。女性は「ガラスの天井」がどうのと言って上層部にいる男ばかり見上げていないで、汚くて危ない仕事場や路上で暮らすホームレスたちに目を向けなくてはならない。社会は女性を「保護すべき」存在とみなすため犠牲にしないが、男性は体制の存続のために容赦なく犠牲にされる。社会が女性を保護し、男性を消耗品のようにポイポイ捨てるのは、人類の再生産、すなわち「子どもを産む性」を重視するためだ。

もうひとつの主張は、「男と女が異なる生活を営む理由は、両者の〝能力〟の差ではなく〝モチベーション〟の差にある」というもの。著者は、男女が組織でリーダーのポストにつく比率、男女の賃金差、人類の歴史でつねに男性が社会を支配しリードしてきたことの理由を、女性が男性より「能力がないから」ではなく、女性がそういう仕事を「やりたがらないから」だと説明する。女性は大きな組織で働くより身近な数人と深く関わりたがる。だから、大きな組織で働いて能力を発揮しないので給料も少ないし、社会をリードできなかったのだと。

ひとつ目の主張はなかなかに説得力があった。それまでの私は「男＝特権階級」と認識し、男であれば無条件に敵視する傾向があったが、この部分を読んで、それが間違っていたことに気づいた。男性も人それぞれなのだ。男性を分類して、分けて考えなければならない。そう思ってからは、危険な建設現場で働いている人たちや、ニュースの映像に出てくる原発で防護服を着て働いている人たちは男性だという事実がはっきりと目に入るようになった。当たり前だと思っていた現象を意識して、特別なこととして見られるようになったのだ。

しかし、2つ目の主張はあまりにも単純で狭量だった。著者は、能力ではなくモチベーションで説明すればジェンダーイシューから生まれる敵意を和らげることができると主張し、終始一貫、女性は「〜したがらなかっただけだ」という論理を展開する。だが、次の箇所はあまりに非現実的だ。

離婚する親たちは子どもの養育に必要なお金をどのように調達するか頭を悩ませる。ときに女性は別れる夫に比べて技量や資質が劣っていたり、あるいは全く仕事をしたがらない。[*15]

著者は、離婚してひとりで子を育てる女性が働かない理由に女性の「モチベーション」を挙げる。女性は働くのがイヤなので働かないことを選んだというのだ。女性は(1)外で働くより育児と家事をしたがる（＝だから働かないし、当然ながら昇進もできない）、(2)クリエイティブでチャレンジングな仕事をするより、身近な人たちの世話をし深く交流したがる（＝だから人類の歴史において独創的な人物はみな男だ）、(3)男性と付き合って結婚する理由は、女性自身の欲望や人間的交流の実現のためではなく、ただ子どもを生んで育てたいと思うからだ。こういった論理が本の随所に出てくる。

実に驚くべき発想だ。母親になった女性が会社を辞めることをその女性の「選択」だと考えるなんて。子を生んで、育て、教育する任務を母親というひとりの女性だけに負わせる社会構造を見ずに、ただ表面に現れた事象だけで「女性はもともと働くのが嫌いで、家にいながら子どもを産んで世話するほうを好むからだ」と断定するなんて。会社を辞めざるをえなかった女性の内面を少しのぞくだけでも、その下でうごめく社会的な圧力、文化的な偏見が見えるはずなのに、世界的な学者だという人にそれが見えていないのだ！　わざと見ないようにしているのか？

続きの部分にはもっと驚かされる。

もし、前夫がお金を払わない場合は納税者が介入しなくてはいけないことになるが、これは非効率的であるうえに、児童の安寧を政府予算と政治家の意思決定に委ねることになる問題が生じる。そのため文化は、子どもを育てる女性たちを養うために男性からお金を取り続ける必要がある。[*16]

著者によると、働きたがらず、ただ子育てだけをしようとする女性のせいで納税者のお金が無駄に使われる。納税者の大部分が男性である点を考えてみれば、結局、男性のお金が女性に移転されるというわけだ。だから、結婚制度は男性の財貨を女性に移転させるための罠であり、搾取だ。男性が持続的で真剣な関係に進もうとしないのは、つまり結婚を回避するのは、このような搾取を避けるためにすぎない。

　結婚は女性を無給の家事労働にしばりつけ社会進出できないようにする罠だと考えてきた私は、このような見方に驚嘆した。結婚が男性のお金を女性に移転させるための巧妙な装置だなんて。ワオ！　著者に拍手を！　性別が違うだけで、人は世の中をどれだけ違った目で見ているのか。ひとつの事件が登場人物ごとに異なって解釈される小説を読んでいるような気分だった。

　しかし、それは純粋に「読む快感」を基準としたときの話で、著者が繰り広げる主張には全く同意できなかった。それは著者がもっている世界観の限界があまりにもむき出しだったためだ。著者は最初から最後まで男性を生産的な性、女性を非生産的な性として描くが、それは純粋に男性が賃金労働をしているためだった。著者が考える「生産性」というものは、もっぱら資本の利益を増殖させる範疇にとどまる。会社を所有する人の懐を肥やすために朝から晩まで心身を捧げて働く行為のみが生産的であり、人を産んで育てたり、看病をする行為は非生産的なのだ。対価がお金に換算されない労働は、納税者の貴重なお金を浪費する非生産的で価値のないことに過ぎない。

　本の冒頭から、自分は一時フェミニストを名乗っていたほどフェミニズムについてよく知っていると言う著者が、なぜ女性が家でする仕事をこんな風にしかとらえられないのだろうか。基本的に資本主義体制は女性が無償でおこなうケア労働に頼らずしてはまわっていかないという点をなぜ看過するのか。資本主義体制を支える必須要素である労働者を女性が産んで育てないなら、どうやって体制がまわるというのであり、体制がまわらないなら、男性が生産的な仕事をすることがそもそも不可能ではないか。

序盤、著者が繰り広げる主張にしばし惑わされた。男性を均質のひとつの集団として見るのをやめようという主張には説得力があったし、男女の差は能力ではなくモチベーションから来るものだという主張も賢明で配慮があるように見えた。本全体のベースになっている進化心理学の論理ももっともらしかった。種の繁栄のために男性は性欲にあふれているが女性にはそれがなく、女性は自分が産んだ子どもをよく育てるために男性の扶養能力にのみ関心をもつという主張にもなかなか説得力があった。しかし幸いにも（?）、中盤を過ぎると著者は序盤に見せた論理的な勢いを失い、自分の希望や幻想を並べて暴走したし、幼い子どものように単線的で強引な主張を並べ立てた。そのおかげで私も著者の主張と進化心理学の論理に疑問の目を向けることになった。女性はもともと働きたがらないだって？　とんでもない。私は働きたいけど？　働きたくて仕方ないから毎日求人サイトに入って1時間も見てるんだけど？　上の子を産んだあと、なんとか会社を辞めないでいようと頑張った自分の姿や、産後も働き続けようとあれこれ調べたものの結局仕方なく退職したたまわりの母親たちの姿を思い出して、私ははじめて理解した。進化心理学の論理がどれほど荒唐無稽であるか。著者を含む進化心理学の信奉者たちが、なにが理由でそんな荒唐無稽な論理を展開するのか。おそらくそれは、男女の性別分業が明確で、女性がケア労働を全的に担って結婚制度をしっかりと下支えしていた過去の時代に対するノスタルジーだろう。過ぎ去った時代を恋しがり、その時代を取り戻そうという必死さ。

『消耗する男』は、読んでいるあいだに劇的な心境の変化をもたらす本だった。中盤に入ってからは、あまりにも露骨な女性像の歪曲に腹が立つこともあったが、それでも全く見えていなかったポイント（男性は均質な単一の集団ではない）に気づかせてくれた点には満足しているし、強引な論理に帰結してしまう学者のミスがきっかけで、男の視点に立って考えることができたのも大きな収穫だった。これを収穫と思えるようになったのは2回目に読んだときで、1回目とは違って著者の論理にひとつひとつ反論をしていくことで、著者と討論をしているようなスリルを満喫することができた。そして、そのスリルは自分自身に対する反省という思いがけない成果につながった。

振り返ってみると、これまで私はフェミニストを自任しながら、自分の主張を擁護するために小さな現象でも大げさに誇張してきた。ジェンダー間の熱い論争を引き起こした大小の事件を解釈する際、途中で男女ともに非があることに気づいても、男性が一方的に悪いというそれまでの主張を守りとおした。あとから考えると、それが必ずしも私が女で相手が男だからではなく、性別と関係のない「個人差」に由来するものであった場合でも、自分の主張を撤回したり、相手に謝らないことが多かった。主張を貫き通すために『消耗する男』の著者と全く同じあやまちを犯していたのだ。いくら自分の主張する「大義」が正しいという確信があったとしても、それを裏付けるために白を黒と言ってはならない。著者と自分を重ね合わせて、はたと納得した瞬間だった。矛盾点を見なかったことにして進んでしまうと、結局、その大義に大きな穴をあけることになる。過剰な一般化と確証バイアスで綴られたこの本は、そのようなメカニズムを示すすばらしい例だった。

ロイ・バウマイスターは既存の杓子定規の男尊女卑の考え方ではなく、「モチベーションに焦点を当てた論理」を展開した賢い学者だ。しかし、自分の論理を防御するために、誰が見ても話にならない主張（女は働きたがらないだの、歴史的に見て女性は誰に止められたわけでもないのに軍隊を組織したり組織をまとめる仕事をしなかったのはなぜかなど）

を押し通したことで、結果的に私のような読者に腹のうちをすっかり見破られるという悲劇を生んでしまった。こう書いていると怪しく思えてくる。果たしてミスだったのだろうか。女性が社会的な圧力のために仕事を辞めたり、軍隊を組織するなど想像だにできないほど制約を受けていたことをよく知っていながら、そのくらいは選択の問題にひっくるめても構わないと思ったのか。

2回目を読み終わる頃、これまで私はジェンダーに関しては女性が書いた、女性のための、女性の立場から見た本しか読んでこなかったことに気づいた。そしてそれが、序盤に著者の主張にやすやすと引っかかった理由だった。自分の中に自分と似たような人たちの考えだけを詰め込んできたので、単純なジャブにあっさりとやられてしまったのだ。著者がのちに自分の論理を破綻させて隙を見せたからよかったものの、そうでなかったらどうなっていたことか。本を閉じたあと胸をなでおろして、思った。これからは反対の考えをもった人たちの言葉に耳を傾けなくては！　自分の中でなにか新しい価値観を定立するときは、まずそれと反対の地点まで走っていって、そこにいる人たちの脳内を探求しなくては！　自分と考え方が違う人たちと対話をしたり、あるいはかれらの著作を読むと、自分と同じ意見をもった人たちと交流してお互いの考えを強化するときよりも、脳のいろいろな部分を使う。反論して、訂正するために、それまで行ったことのないさまざまな場所に足を踏み入れることになる。また、相手の間違いに反射した自分の間違いを見て、反省もする。相手の論理に100パーセント同意しないとしても、一定部分納得して受け入れることで、ガチガチに凝り固まった固定観念の一部がそぎ落とされる。それによって自分の考え方が豊かに、立体的になるので、1回の読書でどれだけメリットを得ていることになるのか。

人は自分の姿を見ることができない。肉体の内側にある自分を外から客観的に見ることができないのだ。だから、自分をきちんと見るには、まわりの人たちを鏡として、そこに映った自分の姿を省察しながら生きていかなければならないと考えてきた。だが、それよりもっと強力な鏡があった。自分と親しくない人、あるいは自分と正反対の意見をもった人という鏡が。

＊15　ロイ・バウマイスター『消耗する男』（未邦訳）韓国版469ページより引用
＊16　同469ページより引用

Ⅳ

境界線を越えたところの世界

なぜ、家事労働に賃金が必要なのか

シルヴィア・フェデリーチ『革命のポイントゼロ』（*Revolution at Point Zero*）

久しぶりに仲のいい先輩と会ったときのこと。ランチを食べながら積もり積もった話をしていると、先輩が突然、「昨日付けで会社を辞めた」と言う。私は驚いた顔で先輩を見つめた。先輩が2人の子どもを育てながらどれだけ苦労して「仕事」を守ってきたのかずっと見てきたので、ようやく少し楽になった今（上の子が中学生で下の子が小学生）、辞めてしまうのは、とてももったいないと思った。

「社内政治をしないといけないんだけど、私には無理。ま、したからってうまくいくもんでもないけどさ」

長いキャリアと確かな実力で武装した先輩だったが、部署の「長」の座を目前にして降参してしまった。部署を総括するポストをめぐって争う相手は全員男で、かれらはみな有力な（男性の）コネをもっているので、どうせ昇進できっこないと思ったと話したあと、先輩はこう付け加えた。

「それよりあんた、私が会社辞めたってこと、うちの子たちには絶対に言わないでよ！」

退職したことを夫の実家には内緒にする予定なので、子どもたちにも「週の半分は出勤、残りの半分は在宅勤務をすることになった」と言ってごまかすというのだ。

「わかった、気をつける。心配しないで」

ひょっとして私が子どもたちの前で口を滑らせるのではとあらかじめ口封じをする先輩を安心させながら、思わず苦笑いしてしまった。私の失言をおそれて心配している目の前の女性は50歳の成人だった。その分野で名前を挙げれば知らない人がいないほど抜きんでた実力を備えた社会人だった。なのに、自分の人生に起こった重要な変化を堂々と打ち明けられずに、コソコソしないといけないなんて。ライバルだった男性たちが出世して大物になっていくあいだ、先輩は夫の実家に嘘をつくしかできないなんて！　もちろん、そうするしかない状況は理解できる。先輩の婚家は、朝鮮王朝を連想させるほど（実際に朝鮮時代にはそうではなかったという説もあるが）チェサや盆正月の形式を大事にする保守的な家だった。先輩は会社勤めをしているあいだもそれらの行事のために頭を悩ませていたのに、会社を辞めたと言えば、仕事のおかげでどうにか免除されていた家の行事に次から次へと呼び出されるだろう。新しい仕事を探すのには時間が必要なのに、今現在働いていないという理由で婚家に引きずりまわされたら、自分の時間を確保するのが容易でないだろう。それにしても、だ。なぜ堂々と会社を辞めたと言えないのだ。とはいえ、そのような行事に対して正面から反旗を翻すことができない韓国の文化的な慣習をよく知っているので、先輩を責めたり、婚家を改革しろと煽ることもできなかった。だから苦笑いしてうなずく以外にない。

先輩と別れて帰宅したあとも、このことは心に重く残った。先輩のほかにも、私のまわりの多くの女性が会社を辞めるときに似たような過程をたどっており、そういう事例に接するたびに複雑な心境になった。なぜ？　なぜ女性は会社を辞めたという事実を隠さなくてはいけないのか。なぜ女性は自分の生活の最も重要な部分を嘘で塗り固めなくてはいけないのか。

シルヴィア・フェデリーチは「家事労働に賃金を！」というキャンペーンを繰り広げてきた女性運動家で、政治哲学者だ。１９４２年イタリア生まれのフェデリーチは、『革命のポイントゼロ』の序文で、女性運動を始めた初期は家事労働を「拒否する」ことに主眼をおいていたが、だんだん家事労働の「価値を認める」ほうへとシフトしていったと話す。戦争を経験し、自立して働かざるをえなくなった母親世代の影響で、女性＝家事労働の専担者という考え方を拒否する態度を取っていたが、女性の地位向上のためにはまず家事労働の価値を認めて、ヒエラルキーを押し上げなければならないという方向にシフトしたのだ。

フェデリーチによれば、資本主義体制の根幹をなすのは家事労働であり、資本主義を支えているのは労働者ではなく主婦だ。資本主義は自然資源に人の手を加えて商品を作り、利益をあげるというプロセスを基本とする。多くの利益をあげるために、資本家は自然資源と人の手にかかるコストを最小限に抑えようとする。自然資源にかかるお金は一定の範囲以上は削れないので、できるだけ人の手、すなわち労働者に払う賃金を最小化することに心を砕く。だからといって労働者がまともに食べることもできず健康に異常をきたす程度ではまずいため、結局は、労働者が心身を一定のレベルに保ち、毎朝、前日と同じ健康状態・精神状態で出勤できるよう、生計費を少し上回る程度の賃金を払うことになる。私たちが年度初めに接する賃上げの記事に「物価上昇」という用語がよく登場するのはこのためだ。生活に必要な物資にかかる金額より多めに支給しないと、労働者が労働力をたくわえた肉体を正常に保てないので、物価上昇分だけ賃金を引き上げるのだ。

しかし、資本家が賃金を算定する際に考慮するのは、労働者の労働力を維持するのに必要な「物品」のみだ。その物品を市場から買ってくることや、それが食材の場合であれば、洗って、下ごしらえをして、調理し、料理を並べ、食べ終わったテーブルを片付けて、皿を洗う、衣服の場合であれば、洗濯して、干して、たたんで、アイロンをかけるといった労働力、すなわち労働者を毎日一定レベルの健康状態に再生産する「人の手」については考慮もしないし、対価も支払わない。誰かがその労働者のために「当然」炊事・洗濯・掃除をするものと仮定し、その誰かが手にもって加工する物品に対する分だけお金を出すのだ。ここで誰かとは「主婦」だ。労働者には妻がいると仮定し、労働者を再生産するのにかかる最も大きなコストを妻に転嫁することで、資本家は巨利を手にする。

しかし、このような事実は人々に認識されることも、問題として浮上することもない。女性は家の中のこと、すなわち家事労働をするのが自然で当然だという確固たる社会通念が形成されているためだ。社会が女性に結婚・出産・育児を強烈にしつこく推奨するのも、こういった文脈から見れば明快に理解できる。資本主義体制を維持するには一定幅の利益が保たれなければならず、利益を保つには労働者の賃金を低く抑えなければならず、労働者に低賃金を払いながらも健康な心身を保たせるためには、誰かが労働者を再生産する仕事を無償でしなければならない。だから、世の中に妻と呼ばれる「主婦」がいなければ、資本主義は一気に崩壊するだろう。主婦が夫である労働者に施しているあらゆる種類の無償再生産サービスがなくなったら、労働者はそれらを、すべてお金を払って購入しなければならず、そのような状況は必然的に賃金引き上げという結果を生むだろうから。そうなったら、資本はどうやって利益を出すというのか。だから、資本主義という巨大な馬車を動かしているのは、「労働者」ではなく、労働者を無償で再生産する「主婦」なのだ。

主婦が社会的に低い地位を占めるのは、こういう原理のためだ。自分がしている仕事が「仕事」として扱われず、対価が支払われないため、社会でいかなるポジションも得られず、声もあげられない。こういう状況を打開するためには家事労働をする人に賃金を支払わなければならないというのが、『革命のポイントゼロ』の著者シルヴィア・フェデリーチの主張だ。

私たちは、資本がわれわれの労働を目に見えないようにさせることに大いに成功したという事実を認めないわけにいかない。資本は女性を犠牲にして真の傑作を生み出した。家事労働に対する賃金の支払いを拒否し、家事労働を愛の行為に変えることで、いくつもの成果を収めた。まず、とんでもない量の労働をほぼノーコストで獲得し、女性たちに――これを拒否する闘争を起こすどころか――人生最高の仕事として家事労働を追求させたのだ。同時に、資本は女性を男性労働者の労働と賃金に依存させることで男性労働者をも統制した。[*17]

家事労働を労働ではなく女性の「天性」にすれば、家事労働をする人にお金を払う必要がなくなる。そして、自分のために無数の家事労働をするのに一銭ももらえない存在をそばにおく男性労働者は、その存在を食べさせなくてはいけないというプレッシャーのために、いくら給料が少なくても、いくらひどい人格的冒涜を受けても、会社を辞めることができない。家族という制度は、資本主義体制の維持にとってなんて斬新で奇特な存在なのか！　家族とそれにともなう性別分業制度は、男女をそれぞれ異なる領域に配置し、そこから絶対に抜けられないようにする実に巧妙で忠実な制度だ。

家事労働に賃金が支払われるようになれば、社会に大々的な変化が起こるだろう。まず、女性が家でしていることを「労働」と呼べるようになる。すると、主婦は「家で遊んでいる」と言われなくなり、毎日数十種類の労働をしながらも金銭的報酬が得られず、永遠に社会的弱者であり続ける状態からも抜け出せる。女性が家事をして子どもを育てることに対し金銭的報酬を手にするならば、子どもの養育にかかる費用を国が補助するという概念の「福祉制度」が直接的に実現する。そうなれば、子どもを育てる低所得層の母親が国から補助金をもらうせいで財源が減ると（前出のロイ・バウマイスターのような男性学者から）悪口を言われることも、最初からありえなくなる。

著者が提示したさまざまな変化のうち最も印象的だったのは、家事労働を「愛情行為」ではなく「労働」に変えることで、「愛情を交わしたいという欲求を自らの意思に反して義務的な労働に転落させる強迫観念」から解放されるという部分だった。女性が家事と育児を大変な、つらいことととらえるのは、それが強制的に割り当てられるからではないだろうか。子育てと家事は、その行為だけをとって見れば大変な価値がある。子どもを抱くとき、子どもをお風呂に入れるとき、子どもが食べる食事を作るとき、充実した気分になり生きていることを実感する。問題は、これらが「義務」として強制的に投下されることにある。犠牲の種類と分量が決まっていて、その程度の犠牲を払うことは女性が生まれながらにもつ性質と合致するからと外部から強制された途端、育児と家事が本来もっている生き生きとした生命力のオーラが消えてしまう。どんなことでも、他人の意思から出発すると、その輝きと原動力が失われてしまうものだ。

家事労働を女性が天性によっておこなう自然な行為ではなく、「労働」と呼んで対価を払うようになれば、女性は心の底からわき出る愛情を表現し、満喫できるようになるだろう。それに、家事労働が対価をもらっておこなうきちんとした「仕事」になれば、男性たちも今よりはるかに積極的にこの分野に進出してくるだろう。家で家事と育児がしたいのに、そうすると自分の価値が下がると思って隠れてこっそりやったり、敢えて一切手を出さずに生ぬるい罪悪感を胸に生きていく男性が世の中にどれだけたくさんいることか。家事労働の賃金労働化は、女性と男性の両方にとって変化と発展のチャンスとしてはたらくだろう。

読み始めの頃は、家事労働に賃金を払うという概念に拒否感を覚えた。子どもと夫のためにした家事に対してお金をもらうだって？　こまごまとした家事にお金を請求するという概念はどうもしっくりこないうえに、気が引けた。いったい誰に請求しろというのか。著者はこれを国家が解決すべきだと言う。女性のシャドウ・ワークを通じて大きな利益を得てきたのは資本と国家なのだから、資本が手にした暴利の一部を国家が取り立て、家事労働に賃金を支払うべきだという論理だ。自給自足あるいは交換経済の社会で暮らしていた市民を強制的に資本主義体制に組み入れ、賃金労働者にしてしまったのも国家、その過程で、共同体単位でなされていた再生産労働をバラバラにし、各女性の肩に個別にのしかかるようにしたのも国家なので、国家の手によって再生産労働を再組織しなければならない。

家事労働に対し賃金を支払う方法にはさまざまなかたちが考えられ、そのうちの一部は実際にすでに実現している。一定期間ともに暮らした夫婦が離婚した場合に、家事労働を専担した人が財産の半分を所有する権利をもつようにしたり、労働者が退職後に受け取る年金に対しその妻の請求権を法的に保障するのは、家事労働に賃金を与える間接的な方法だ。著者はほかにもさまざまな方法を提示する。子連れで公共交通機関を利用する際に料金を免除したり、公共施設の入場料を割引する方法、または国の森林の一定面積を共有材として、近隣の家事労働者がその空間を通じて小さな収入を上げられるようにするなどの方法だ。そして、現在、福祉先進国と呼ばれる国々でこれらの施策の多くが実現されている。福祉が整った国ほど出生率が高いのはこのためだ。福祉の対象は大部分が子ども、老人、障害者またはその他の社会的弱者だが、それが整っているというのは、国家が社会的弱者に対する責任を負うという意志の表れだからだ。福祉制度が貧弱な国では弱者に対するケアと家事労働のほとんどが女性の肩に背負わされていることを考えてみれば、結局、福祉制度は女性の無償労働に価値を与える、もうひとつのやり方だという結論に達する。

著者が見ている最終的なゴールは、資本主義体制を克服し、非資本主義的な体制を構築することだろう。生活に必要なものすべてにお金を払わなくてはいけない世の中で、お金に換算されない最後の砦のように機能する女性の無償労働を賃金労働に変えようと呼びかけることは、反資本主義運動家でもある彼女の信念に反する戦略かもしれない。しかし、著者は知っている。社会変革を推進する人間は、自分が設定したゴールやカラーに合わなくても、現実を考慮して思い切った妥協をしなければならないときがあるということを。資本主義を克服するにはまず、資本主義体制下で二等市民である女性を一等市民にしなければならないということを。それは、世界市民主義を夢見た日本占領下の朝鮮人が、帝国主義者の残酷な統治に苦しむ国民のためにまずは民族国家を設立しなければならないと決心し、自分たちの夢見る理想に真っ向から反する民族主義を採択したのと同じことだろう。理想と現実がぶつかったときに、現実において実現可能な戦略に速やかに切り替える社会運動家のスマートさ。それを学べたことはよい経験になったし、実際の生活で自分が「正論」ばかり唱えて現実での実現可能性を無視してはいないか振り返らせるロールモデルになってくれた。

結婚して母親になると、慣れないお誘いがよく来るようになった。○○のためのおかず作りボランティアに来てだとか、××施設に送るキムチを漬けるので手伝いに来てといった誘いが。母親になる前は一度も受けたことのない誘いだった。都合がつけば応じ、つかなければ断りもしたが、似たような誘いを何度も受けるうちに、そこに内包された一種のパターンが読めてきた。私が誘われた行事は、(1)無報酬、あるいはまれに最低賃金の5分の1にもならない交通費が支給され、(2)参加者が全員「母親」たちだった。誘ってくる人の態度にも一貫した面白い傾向があった。かれらは私が(1)おかず作りやキムチ漬けが非常にうまいという前提で、(2)喜んで駆けつけると考えていた。タダで時間と労力を投下することを求める人にしてはあまりにも自然な堂々たる態度で来るので、断るときはいつもかれらよりむしろ私のほうに気まずさが残った。しかし、そんな頼みごとをしてくる相手を責めたり怒る気持ちにはならなかった。相手はそういう場に当たり前のように参加して喜んで労働力を提供する人であり、かれらの常識では「母親と呼ばれる人であれば当然、自分と同じように考え、喜んでタダでやろうとするはず」と考えるだろうから。

こうした行事は主に学校、宗教施設、市民団体などが主催するものだった。学校は緑のおばさん委員会、保護者会、運営委員会などの団体を組織して公式的に人を動員し、宗教施設は慈母会、祭壇奉仕団といった団体を作って宗教儀礼の侍者として活動する人を募集した。これらの団体に動員されるのはだいたい誰かの「お母さん」と呼ばれる人たちだったが、現場で直接事に当たったりヘルパーとして活躍するだけで、意思決定をしたり行事を企画する役からはたいてい除外されていた。夫婦がそろって機関に参加して活動する場合でも、このような行事に絶えず呼ばれるのは二児の母親である私ばかりで、二児の父親である夫はなかなか呼ばれなかった。夫は料理も私より上手だし、私よりもずっとヒューマニストで、誰かに無償で与えること（お金であれ労働力であれ）を私よりはるかに好んでやる性格だったが、誰も夫には誘いを出さなかった。こういったことを繰り返しながら、私は韓国社会の作動原理がなにげにわかるようになった。それは、公共性を帯びた数多くの機関において業務の相当部分が既婚（子持ち）女性の無償労働を頼りにしてまわっているという点だった。

報酬なしで「愛」の名のもとにおこなわれるという面で、また、なくてはならない日常の労働をおこなっているが大事な場面で代表性をもったり決定権を行使できないという面で、公共の機関が当てにしている既婚女性の無償労働は各家庭で主婦たちがおこなう家事労働と驚くほど似ていた。お互いを鏡のように映すこの2つの様相のおかげで私の中で巨大なパズルがはめ合わさり、それでようやく、日常の中で無数に抱いてきた疑問に細かくきっちりと答えを出すことができた。

それは女性が生きていく時空間の正体だった。それまでは、「女性の大半が資本主義体制に属して暮らしているが、就業経験のない専業主婦だけ例外的に資本主義とかけ離れたところにいる」だとか、「女性の大部分が現代市民の権利を享受しているが、夫の実家を中心とした家族体系に組み込まれるときだけ理不尽な重荷を背負わされる」と考えていたが、実際はそうではなかった。人類が資本主義以前の体制（自給自足、物々交換、ギルド、相互扶助、身分社会など）から資本主義体制に移行する際に、女性は一緒に移ってこずに残されたのだ。資本主義は大きな利益を出すために労働者という新しい地位を作り出して低賃金で働かせる一方で、その労働者を無償でケアする役を女性にあてがった。そして、それを女性に受け入れさせるには、女性全体を資本主義以前の時代に残しておかなければならなかったのだ。人の上に人がおり、人の下に人がいるという概念が明確で、仕事に対し貨幣に換算された報酬を受け取らず、感情表現と率直さが生きていた時代に。だから女性は、男性の下にいて、仕事に対する金銭的報酬を受け取らず、愛情や悲しみを表現する存在として残った。労働に疲れた男性を感性と思いやりで包み込む存在として。かといって女性が完全に前資本主義的な時代に生きているわけでもなかった。女性は男性労働者の周辺にいて、ときどき資本主義の時空に取り込まれて男性よりさらに低賃金労働者として機能したり、ごくまれに優れた労働者となって高賃金を受け取った。しかし、賃金労働者としての時間が過ぎると、たちまち非資本主義的な世界に追放された。

女性は「会社」という資本主義の中心に身をおいているときは現代的な（資本主義的な）権利を享受しているように見えるが、会社を辞めて出てきた途端、光の速さで前資本主義的な時空に吸い込まれる。確かな所属と収入が保証されない私に無償労働のお誘いが絶えず入ってきたことや、その誘いに応じなかったとき罪悪感でむずむずしたこと、会社を辞めた先輩が自分の退職事実を公にできなかったことは、このような前提で見れば、すべてつじつまが合う。そして、こういったことは男性には絶対に起こらない。なので、男性という集団に属する人たちは、会社を辞めた事実を極力隠そうとする妻を理解できず、こう言う。「なにをそこまで?」。しかし、女性にとって「会社」という強力な保護膜が消えることは一種の宇宙移動のような事件だ。自分の時間、自分の労働力、自分の意志が一挙に他人に帰属する中世的な状況に巻き込まれることになるのに、どうして深刻にならないでいられよう。

フェデリーチという傑出した人物の著作を読む時間は、女性である私が属している時空間の正体をひとつひとつ暴いていく、味わい深い時間だった。自分が資本主義側の市民ではなかったという事実を、前資本主義的な世界と資本主義の世界の境界線に立って、絶えず召喚されては戻ってきてを繰り返しているという事実を、『革命のポイントゼロ』をとおしてはじめて知った。

家事労働という日常の具体的な活動に焦点を当て、30年間粘り強く取り組んできた著者の論理を追っていくと、彼女がどうして本の序文で「自身はもともと家事労働を〝拒否〟する側だったが、家事労働の〝価値を高める〟ほうへと方向転換した」と書いたのかが理解できる。これまでの女性運動がそうしてきたように、女性に「今すぐ家から出て就職しろ」と呼びかけたり、「家事と育児に従属しないで家父長制を蹴って出てこい」と言うことは、地球上の数多くの平凡な女性を女性運動から疎外する結果につながる。女性は強制的に「家庭の最後の守護者」に任命され、子どもの養育と家事という巨大な荷物を背負わされてあえいでいるが、その重荷をどうしても振りきって出てくることができない。社会に出たい欲求や自己実現したいという思いがないからではなく、地球上に残った最後の共同体である家族を捨ててしまったときに、いかなる共同体にも属せずにひとりぽつんと残される子どもたちに対するヒューマニズムを捨てられないのだ。いかなる理論が、いかなる正当性が、子どもたちを荒涼とした資本主義社会に残して去ることに対する免罪符になろうか。

家事労働に賃金をという著者の主張は、少数のエリート女性のように収入と名声をもたない大多数の平凡な女性たちの生活を抱き込もうという意味にほかならない。家事労働の対価として受け取る賃金は単純な「お金」ではない。「なけなしのお金をもらうために自分は家政婦だと認めろって?」と応酬する行為は、最低ラインのヒューマニズムを捨てられずにその場を守っている無数の女性たちの人生から目を背けることに等しい。彼女たちがそのお金を稼げないからではなく、全女性がしていることを「仕事」と命名するために、家事労働に賃金が必要なのだ。

＊17 シルヴィア・フェデリーチ『革命のポイントゼロ』（未邦訳）韓国版40ページより引用

尼僧が『父親授業』という本を出したらどんな反応がくるか

法輪『母親授業』

法輪和尚の『母親授業』に下線を引きながら読んでいた時期があった。ひとりの子の母親から2人の子の母親になり、もうひとつの生命が私のもとへやって来て、その全存在を託されたことへの喜びと負担で日に何度も笑ったり泣いたりしていた頃だ。出張が多い夫が家を空けるあいだはひとりで子ども2人を見なければならず、子どもたちが体調でも崩せば不安と心配で落ち着いていられなかった。そんな私にはなにかが必要だった。安定感と確信をくれるなにかが。大丈夫だと言ってくれる誰かが。『母親授業』はそんな時期に私がすがりついた育児書だ。自分が『母親授業』で描かれる母親像とあまりにもかけ離れているので、なおさらこの本が必要だと思った。私はこんなにダメな母親だったんだ！　この本に書いてあるとおり、反省して心を入れかえよう。いい母親に生まれ変わろう。その決意は24時間もしないうちに何度も崩れたが、私は諦めなかった。努力していれば、いつかはよくなるんじゃないか。まわりの勧めで『母親授業』の著者がしている放送も聞いた。ときどき、ものすごく非現実的に感じる部分もあったが、そう感じる私の心がねじくれているのだと思って、しぶとく聞き続けた。ずっと聞いていれば、正しくない私の心が矯正されるだろうという期待を抱いて、和尚さんの揺るぎない声に耳を傾けた。

そんなある日、限界点に達した。彼の文章を読み、話を聞いているあいだ、ついつい別のことを考えている自分を発見したのだ。彼の言葉は耳元をかすめて虚空に散らばり、私はもの思いにふけったまま、放送が終わったのにも気づかなかった。結局、私は彼の著書と放送を絶った。同時に、毎月していた母親向けの手引き書の購入も中断した。

それからまた数年の歳月が流れた今、『母親授業』と再会した。「母親になった瞬間から、これまでの自分をすべて忘れて、ただ子どものために生きていけ」と叫ぶ数多くの育児書の中からこの本を選んだのは、「僧侶が書いた育児書」だったからだ。結婚したこともなければ、子どもを産んだこともなく、親として24時間責任をもって子どもの世話をした経験が一日もない男性僧侶がどういうわけで育児書を書くことになったのか、また、その育児書がどうして母親たちのあいだで爆発的な人気を集めたのかを、「資本主義」というプリズムをとおしてのぞいてみたかった。

『母親授業』はメッセージが明確な本だ。要約するなら、「子どものすべては母親にかかっているので、母親は子どものためにすべてを犠牲にしなければならない。もし子どもに問題が生じれば、それは無条件に母親のせいだ」といったところだろう。面白いのは母親の就業に関する部分で、著者は「夫には妻が必要で、子どもには母親が必要なのであって、会社勤めを頑張ってお金を稼ぐ人が必要なわけではない」と言う。にもかかわらず、「母親は働かずにずっと家にだけいろ」と言うのでもない。子どもの年齢によって、母親が家にいる／いないの効用が変わるからだ。子どもが小学生のうちは家にいたほうがよく、中学生になったら勤めに出たほうがよい。中学生になったら子どもを自由にしてあげなければならないが、母親が家にいると、なにかと干渉して制裁しようとするからだ。けれども、もし中学生になった子どもに問題が生じた場合は、勤めをすぐに辞めなければならない。だから、母親である女性が会社勤めをするかどうかは、あくまでも子どもの年齢と状況によって決まる。その女性がどんな仕事をする人なのか、子どもの誕生とともに仕事を辞め、十数年の歳月が流れたあと、子どもの中学校入学を機に仕事を再開することが可能なのかは最初から考慮に含まれない。

著者は俗世の人ではない。だから、1年でも仕事を休めば、前と同レベルの会社に就職することは夢のまた夢という現実を知らないかもしれない。「経断女」という言葉を聞いたことがない、あるいは聞いたとしても、あまり関心をもたなかったかもしれない。だが、次のような部分まで来ると、とうてい「俗世の人ではないからだろう」と理解を示すことができなくなる。

いい年をして結婚しないでいる息子を結婚させるのは簡単です。家から追い出せばいいんです。お母さんがごはんを作ってくれて、洗濯してくれて、お世話を全部してくれるから、なんの不便もありません。性的な問題以外はお母さんが全部やってくれるから、結婚する必要性をあまり感じないのです。現実的に言えば、とにかく追い出すのが一番です。追い出したあとも、外食ばかりしていようが、洗っていない汚い布団で寝ていようが、絶対に手伝ってはいけません。そうするうちに結婚の必要性を切実に感じるようになり、理想も少し下がります。[*18]

結婚する必要を感じさせたかったら、息子を家から追い出せ。そうすれば、息子はごはんを作ってくれて洗濯をしてくれる人を求めて結婚することになる、というメッセージだ。ここで、家から追い出された息子は、料理ができず、布団の洗濯もできない存在として描かれる。いかなる場合にも、男がごはんを「自分で作って食べたり」、布団を「自分の手で洗う」ことは起こらないのだ。

なら、娘を結婚させる方法はどうか。

> 娘も20歳を超えたら、とにかく家から追い出すのが一番です。できれば、お金は与えないのがよくて、与えるとしても最低限の額だけ、それも貸すようにすると自立心が生まれます。[*19]

娘の場合は食事や洗濯の代わりに「お金」の話が出てくる。金詰まりになれば自分から嫁いでいくという論理だ。女性が結婚する理由を「男性に経済的に頼るため」と簡単に設定する。

男性は炊事洗濯をしてくれる女性を得るために結婚し、女性は自分を養ってくれる男性を得るために結婚するという著者の論理を見ていると、その単純さと揺るぎなさに感嘆せざるをえない。どうしたらこんなにも確固たる性別分業論理をもてるのだろう。もちろん、性別分業に対する固定観念は同世代のほかの男性知識人たちにも共通して見られる特徴だ。しかし、ほかの男性知識人の多くは、こうした表現を遠回しにしたり、目立たないように間接的な方法を取る。セクシストというレッテルを貼られないように警戒している面もあるし、成人して社会生活をするうちに、自分の中にあった強固な性別分業の観念が崩れて丸くなった面もあるだろう。しかし、この著者の場合は、それがない。女はごはんを作る人、男はお金を稼いでくる人という価値観があまりにも露骨で強固なのだ。ここまでくると、気にならずにいられない。なにが。なにがこの著者にこれほど不動の固定観念をもたせているのか。なにがこの著者に時代遅れの論理をここまで堂々と語らせるのか。仏門に入る前に著者が接してきたのはどんな人たちだったのか。家庭の雰囲気はどうだったのか。当時身につけた性別分業的な価値観が仏門に入ったあとに変化する機会がなくて――つまり、俗世に生きてお金を稼ぐためにいろいろな人と接する中で現実のさまざまな女性と対面し、女性に対する非現実的な固定観念がだんだん崩れる機会に恵まれなかったために、このように高純度の固定観念を今日までしっかり保っているのか。

しかし、この方はただの僧侶ではない。たくさんの人々のメンターであり、世界中で巡回講演をしている国際的な著名人だ。仏に帰依しているが、俗世で無料講演や統一運動などの活動も活発におこなっている。それなら、ほかの僧侶たちよりもずっとよく俗世を知っているのが道理ではないのか？　違うのか？　むしろ有名人だから平凡な資本主義的状況におかれることがなく（＝いつも喝采・尊敬・拍手を浴びる状況にいる）、普通のお坊さんたちよりも認識の変化を経験する機会が得られにくかったのか？

『母親授業』をはじめとするいくつもの著作の中で著者が主な対象とするのは女性だ。普遍的・抽象的なレベルでたまに男性に向けた話をするときもあるが、間違った生き方をしている人の具体的な例を挙げるときや、その解決法を提示するときには、十中八九、女性を対象とする。統一や仏教の教理に関するものを除いた大部分の著作、すなわち『母親授業』、『僧侶の祝辞』、『人生授業』といった一般書でこのような傾向が目立つ。最初、著者のこうした傾向は女性蔑視の思考からきているのではないかと思ったが、著作を読んでいるうちにだんだん考えが変わった。彼が普段会っている人たちは女性であることに意識が及んだのだ。彼が率いる浄土会や大衆向けの講演の主な参加者は女性だ。かれらと交流し、かれらの質問に答えていくうちに、自然に説法の焦点もそこに合わされていったはずだ。となると、疑問は別のところに移る。それならなぜ？　なぜ彼は主に女性たちと接するようになったのか。彼を信じてしたがう人たちはどうして大部分が女性だったのだろう。ソースタイン・ヴェブレンは『有閑階級の理論』で聖職者と女性を、有閑階級を代理する階級と規定した。現代風に言い換えれば、資本主義というフィールドで直接的に経済活動に参加する人たちを代理すると言えるだろう。そのような観点から見れば、僧侶や神父、牧師など宗教機関の聖職者が主に女性信徒と多くの時間を過ごすことになる理由がわかる。資本主義社会において資本家や労働者ではない人たち、すなわち、お金がさらなるお金を生み出す循環プロセスに直接参加しない「代理」階級は、資本の蓄積過程が描く円の外側に立ってかれらを補助する役割をつとめる。僧侶や牧師が講演をしたり慈善活動をするとき、それをサポートできる存在は組織に縛られない代理階級、代表的には主婦であるる。だから、聖職者と女性が密接に関わるのは、はじめから構造的に決まっていることなのかもしれない。これを著者はどう認識しているか。

浄土会のボランティアの90パーセントが女性です。特に専業主婦の人たちは、お金を稼がずに暮らしているので、お金を受け取らないことに慣れています。しかし、男の人たちはいつもお金を稼いで暮らしてきたので、お金を稼ぐことに関心が高く、70

歳になっても「どこかお金が稼げるところはないか」と考えます。[*20]

著者は自分を信奉する人々の大部分が女性であることを、中でも子どもがいる主婦であることを知っている。一見、女性の寛容さを高く評価し、男性の計算高さを低く評価するようなこの部分が、私にはとても割り切れなかった。主婦はお金をもらわないことに慣れているのか？　お金なんかには興味がなく、ただひたすら「よいこと」をするのに専念する「この上なく善良な」人々なのか？　そうではない。私をはじめ主婦たちはお金にとても関心がある。もしかしたら、資本主義体制に参加して自分の手でお金を稼いでくる人たちよりもはるかに、いつどんなときも大きな関心をもっている。社会のあちこちから「自分の手で稼がずに暮らしている人」というメッセージを受け取るので、それについて考えないわけがない。食料品や日用品を買ったり、普段より単価の高い商品を注文するとき、心の奥底で「お金」を意識する。お金を稼いでくる夫の目を意識する。自分が働いた分をお金という確かな証拠品に変えて持ち帰ってくる人の目を。

主婦がボランティア活動に参加するのは、基本的には「よいことをしたい」という善意からくるものだろうが、一方では、お金がもらえる活動に参加できない環境におかれているためでもある。子どもの世話をしなければならないという条件つきのせいで、どこかに所属して9時に出勤し6時に退勤する生活はできないが、それでも家庭ではない別の所へ行って意味のある活動をし見聞を広めたいという気持ちはあるという状況において、結局、残る選択肢は過度に時間を取られなくてすむボランティア活動や宗教活動しかないのだ。「お金を稼がずに暮らしているので、お金をもらわないことに慣れている」と言い切る言葉には、このような状況に対する考慮がない。主婦たちの生活の奥深くに宿る「資本主義社会で自分の手でお金を稼げない人が感じる悲しみ」に対する思慮がない。また、その言葉は彼が著書と講演でしきりに語る「母親になった女性は仕事より夫と子どもに優先順位をおかなければならない」という主張と明確な因果関係をなす。夫と子どもに優先順位をおいた既婚女性が自分の手で稼ぐ機会を失い、そういう状態にあって趣味やボランティア活動という限られた選択肢しかもてないのは当然の結果ではないか。僧侶の立場では無報酬で自分の手伝いをしてくれるので感心に思うだろうが、それは「女性は対価を望まないが、男性は対価を望む。よって、女性は天性が善良だ」などと簡単に片づけられる問題ではない。この部分をつきつめて考えてみると、なぜ彼の説法が主に主婦たちに向けられているのか、なぜ親しみをこめて叱る対象がつねに女性なのか、なぜ男性にはほとんど話しかけないか、話しかけたとしても非常に皮相的な言葉だけで終わるのか、見当がつく。彼は、資本主義体制の中で数々の腹立たしい目に遭いながら苦労してお金を稼いでいる男性たちに普段接することがなく、だからなにを話せばよいのかわからないし、ましてや堂々と叱ろうなんて思いもよらないのだ。

彼は資本主義体制の仕組みについて思索したことがあるだろうか。資本主義は悪いという表面的なレベルではなくて、資本主義が男と女をいかに巧妙に分けて、それぞれ異なる方法で手なずけ服従させているか、じっくりのぞいてみたことがあるだろうか。資本主義社会において宗教がどのような役割を担っているのか、宗教内で主にリーダーの役割をつとめるのは男性に限られ、その男性を補助し、宗教内のさまざまなプログラムがスムーズに進むよう陰で雑務をしている人々の大部分が女性だという事実を、一歩離れてひとつの風景としてながめたことがあるのだろうか。

この本を書く前、私は彼の相談形式の講演の映像を検索し、順繰りに視聴した。固定された活字ではなく、生きたまなざしや口調、しぐさから彼をより立体的に理解したかったので。映像を見ながら少しずつ、彼が主婦たちに幅広く支持される理由がわかった。人々とじかに言葉を交わす和尚さんは、文章の中で出会う彼とは少し別人だった。映像を見れば見るほど私の中で彼に対する好感度が上昇した。それは、彼が主婦と呼ばれる一群の人々に接する態度のためだった。彼は退屈にも感じられる似通った話（子どもの教育、夫や義理の家族との確執が主をなす）にひとつひとつ耳を傾け、それに質問で応酬した。連続した質問をとおして相談者が自ら自分の声に耳を傾けられるようにするのだ。その質問が導いていく方向性に関しては、私の基準ではあまりにも性別分業的で旧時代的なので同意できなかったが、相談者の質問に答え、その人が自分の本当の考えと出会えるように導いていく態度と誠意という面では他の追随を許さなかった。どこへ行っても自分の言葉に完全に耳を傾けてくれる人に出会うのが難しい主婦たちにとって、それは貴重な経験だっただろう。著名人が自分の言葉に最後まで耳を傾け、真摯に答えてくれるということ。そのコミュニケーションのエネルギーは、相談者として参加した女性のその後の人生に大きな財産となったのではないか。重要なのはメッセージ自体ではなく、メッセージを伝える人の態度なのだという事実を今一度考えさせられた。

法輪和尚は、仏教を一般大衆の身近なものにするほか、貧困撲滅運動、統一運動、環境運動など韓国社会に必要な課題に率先して取り組むオールマイティな宗教家だ。自分の名声と影響力をよいことに惜しみなく活用する実践型の知識人でもある。私は彼をけなすつもりは全くない。ただ、彼が説く性別分業的な価値観はお釈迦様が現代社会に現れたらするような説法とは思えないので、彼がもつジェンダー・ステレオタイプに疑問を唱えたいだけだ。

21世紀は性平等が実現する時期のように見える。さまざまな分野で法律・慣習の変化が起こっていて、実際に前進した分野も多い。しかし、育児と家事という生活の根幹をなす分野では、まだ原点から抜け出せずにその場足踏みをしているように思う。もしも１００年後に、私たちが今生きているこの時代を考察したいという誰かがいたとすれば、『母親授業』は有用な参考資料になるのではないだろうか。尼僧が書いた『父親授業』が出版されると仮定してみれば、そして、その本が韓国社会でどのような評価を受けることになるかを少しだけ想像してみれば、『母親授業』という本が「２０００年代初めの性別分業による社会・文化史」といった研究テーマの立派な教本になるであろうことは十分に察しがつくだろう。

＊18　法輪『母親授業』（未邦訳）68ページより引用
＊19　同69ページより引用
＊20　法輪『人生授業』（未邦訳）37～39ページより引用

非婚女性と既婚女性は連帯できるか

キム・ハナ、ファン・ソヌ『女ふたり、暮らしています。』
（清水知佐子訳、CCCメディアハウス、2021年）

誰かになにかを教えたいときに取りうる最も効果的な方法は、それに関する具体的な事柄をひとつひとつ見せることだろう。広告業界出身の2人の女性が書いた『女ふたり、暮らしています。』は、そのすばらしい例と言える。この本は、ひとりで「クール」に生きていた2人の女性が一緒に暮らすことになって起こる出来事を扱ったものだ。こう説明すると、寂しかった2人が一緒になって仲よく暮らしましたというおとぎ話のように聞こえるかもしれないが、この本はその類ではない。それよりも、完全に異なる背景をもった2人の成人が一緒に暮らすことになったときに発生するさまざまな問題と状況を、加減なく、ときには驚くほど容赦なく描き出すことで、短絡的に美化された話にありがちな陳腐さがシャットアウトされている。あったことを事実とものを中心にひとつひとつ説明する形式を取っているため、そもそもバラ色に美化すること自体が無理だろう。そして、そのスタイル――例えば、物件探しをしているあいだに家の値段がどれだけ上がってしまい、家を購入するために各自いくらずつ調達してローンを組み、その過程でどんな葛藤と予期せぬ問題が登場したのかを詳細に説明する――に読者は最後までぐいぐいと引っ張られていく。結婚という社会が決めた定石ではない、別のやり方を選んだ2人の成人女性の生活史・文化史とも読めるこの本が明るく気軽なエッセイのように感じられるのは、堅苦しくて退屈にもとれる日常の出来事をユーモアとヒューマニズムという調味料で味付けして描写しているからだろう。

女と女が出会って暮らしていく日常を追っていくと、男と女が出会って結婚して生きていく日常がどれほど「おかしいか」が自然に認識できるようになる。かれらはたまに相手の両親を家に招いて一緒に過ごすのだが、相手の両親は娘と一緒に暮らす同居人を頼もしく思い、つねによくしてくれる。肉を焼いてくれて、どんどんビールを注いでくれて、娘が出張に行けば、残った同居人がひとりで食事をしなければならないことを心配する。そうした好意を受ける同居人は、相手の両親に感謝し、自然と愛情をもつようになる。知らず知らずのうちに安否を気遣い、手伝えることがないか探し、気兼ねなく日々の出来事を伝えあう。相手の親が私にこれだけしてくれたから私もこのくらいしなくてはと義務感をもったり、相手の親の先祖の法事に供えるお膳を用意しなくてはという負担、少なくとも週に1度は電話をかけなくてはという強迫観念に悩まされることもない。義父母と嫁あるいは婿のように、お互いへの接し方と関係性があらかじめ決まっている間柄ではなかなか難しいことだ。

同性の2人がなんだかんだとケンカしながらともに暮らす日常を調整していく過程を見ていると、結婚という制度が愛によって出会った2人の男女からなにを奪っていくのかがよくわかる。同性の2人がまわしていく日常と結婚した男女がまわしていく日常の最も大きな違いは、「自発性による行動」だった。40年余り異なる人生を送ってきた成人同士が出会ったため、お互いを理解できず、ときに激しいケンカを繰り広げるが、かれらは相手がなぜそのように行動したのかをあとから理解することで、徐々にお互いを理解し、妥協していく。予想していなかった状況に直面しても、知性と機知を発揮して2人だけの関係パターンを作っていくのだ。こう言うと大したことないように聞こえるが、結婚を通じた異性間の組み合わせではそれがうまくいかない。夫と妻の役割だけでなく、互いの実家に対する義務と関係のありかたがあらかじめ決まっているからだ。伝統と呼ばれる「上の世代の言葉」に無理やりしたがわないといけないので、新しく関係を結ぶことになった人たちのあいだに自然に生じるはずの好奇心や関心、好感が消えてしまう。すべてが決まっていて、そうしないと失礼に当たるのに、どうやって相手に好奇心や好感を示すことができるだろう。強制された関係と決められた義務、それをしなかったときについてくる厳しい評価は人を萎縮させ、すっかり萎縮した人間は相手との関係からなんの喜びも感じられなくなる。結婚した人がなぜ配偶者の家族に好感より負担を感じるのか、なぜ結婚によって生じた新しい人間関係にうんざりするのか。その理由を、この本は関係構築の異なるかたちを見せることで鮮明に教えてくれる。

同性の2人が一緒に暮らしたからといって、必ずこういう結果になるとは限らない。同性同士で同居を始めたもののすぐに解消して、一緒に暮らしたせいで長いあいだ築いてきた友情にひびが入ったと愚痴を並べる人たちも少なくない。キム・ハナとファン・ソヌの2人が本を出すほど素敵なシナジーを上げるのは、私が見るに、根本的に2人の経済力のおかげだ。2人とも業界で実力があると定評があり、そのキャリアを土台として他の分野にどんどん活動範囲を広げている。専門性を活かしあちこちで十分に才能を発揮しながら暮らすこの2人の女性は、半分ずつ出し合ってソウルのど真ん中にあるマンションを購入できるほど資金または資金調達力があり、毎月生活費の口座に同等な額を入金できるだけの収入を生み出している。掃除や片付けが得意な人と料理が得意な人が各自の才能を発揮して相手に喜びと驚きを与え、「同居生活」の喜びを享受する場面は、この経済力がなかったらそもそも成立しなかっただろう。結婚から派生する義務的な関係の核心も、実際ここにあるだろう。男が住む家を用意し、女が家財道具を用意しなければならないという（最近はだいぶ変わってきているが、相変わらず大きな骨組みとして作動する）理不尽な慣行が結婚後の生活に暗い影を落とし、関係に絶え間なく引っかき傷をつけるのだ。結婚してうまくいく人たちは結婚にかかる費用を似たような割合で分担している場合が多いという事実を見れば、結局、資本主義社会で誰かと調和をなして生きるためにはとにかく経済力から身につけなくてはならないのかもしれない。

自分と完全に異なる生き方をしている2人の非婚女性が書いた本を最初から最後までザラザラした気分にならずに読み進められたのは、2人のキャラクターに内包された「主婦っぽさ」のためだ。キム・ハナは片付け上手で無駄なものは買わない反面、ファン・ソヌは家にものが種類別に山積みになっているにもかかわらず際限なく買ってしまうタイプだ。これが2人の不満の主たる要因でもあり、2人はこのために激しくぶつかるのだが、次第にお互いの「違い」を理解し、各自が得意なことで力を発揮するようになる。その過程で相手の長所をさらりと自分のものとして身につけたりもする。面白いのは、そんな風に整理整頓もせず、仕事で家を空けることも多いファン・ソヌが料理の達人だということ。ファン・ソヌはいくつかの材料から手際よく温かい料理を作り出すことを、そうやって一緒に暮らす人の胃袋を満たし、口元に満足そうな笑みが広がっていくのを見るのを楽しむ人だ。そんな特性はファン・ソヌが育った環境に由来する。

母にとって料理というのは、単なる家族のための犠牲ではない。相手への愛情と関心を表現する方法であり、自身の能力を発揮する楽しみであり、台所を切り盛りする高度の経営行為であり、不愛想な子どもと対話する媒介でもある。料理を作って食べさせる相手が増えるほど、母の世界も広がる。そして今、その世界には私の同居人も含まれている。[*21]

ファン・ソヌは、家の行事で親戚が集まると、大量の買い物をして料理を準備し、行事のあとは肉からシッケ【米から作った朝鮮伝統の発酵飲料】までぎっしり詰めた保冷箱をお土産にもたせて見送る母親の下で育った。そのような母の味を大げさにほめる親戚たちの言葉を「人をうまく操るためのあからさまなお世辞」と思いながらも、ファン・ソヌは母親がした料理と無限の家事労働の価値をバカにしない。また、それが自分へとつながり、自分の人生を照らす明るい光としてはたらいていることも知っている。

キム・ハナの活躍も劣らない。2人が同居を始める前のこと。キム・ハナはファン・ソヌの家に出入りして、あちこちに積み上げられたものの片付けを始める。冷蔵庫を開けるたびにザーッとなだれ落ちてくる食品を片付けたときの経験を綴ったキム・ハナの躍動感あふれる描写には、お腹を抱えて笑ってしまうが、ひそかに感動を覚える。お金にならないこと、誰かに強制されたわけでもないことを、相手に対する好感と生まれもった根気強さで最後までやり通す力がなかったら、2人が一緒に暮らすという大事件は起こらなかったかもしれない。要は、この2人の女性は異なる分野の家事が得意な人たちだということ、そして、お互い、なにが得意でなにが苦手なのかを忍耐強く把握し、相手に合わせていくことができる賢明な人たちだということだ。

自分と同年代の非婚女性が書いた本を読んでいると、ときどき、心を石でガリガリこすられるような気分になることがある。この社会で女性が受ける不当な扱いを辛口に指摘し、自分はそんな不当なことを甘受する人生はごめんだという決意を表明しながら、誰かの「母親」として生きる人たちの人生を軽々しくけなすフレーズに出会ったときだ。結婚して子どもを産んだ女性を「家父長制の加担者」と呼んだり、「今からでも家父長制のくびきを断ち切って出てこい」といとも簡単に主婦の人生を否定するのを見ると、顔がほてって脈が速くなる。「私はお母さんのようには生きない」と同じ意味であるこれらの言葉がどんな心情から出てきたのか理解できないわけではない。非婚女性が結婚して子育てしながら暮らす女性の人生を一言で簡単に片づけてしまうのは、この社会で女性が受ける不当な扱いに対する抵抗であり、まともな待遇も受けられないのに家事と育児という岩を休みなく押し上げ続ける既婚女性の人生に対する屈辱感を本人たちに代わって表現したものだ。それを知っていながらも、いざ、そういう言葉を前にすると、なにかにガリっと引っかかれたように胸に激しい痛みが走る。

「プロローグ」で紹介した非婚女性のケースも、これと同じ流れで読むことができる。専業主婦を「他人の慈悲に依存した者」と表現した彼女は法曹界で働く「専門職」だったが、自分は確かな能力をもっており、今後、結婚しようとしまいと、その能力（相当な額の所得を手にできる）を一生キープできると確信しているようだった。あるいは、それが難しいかもしれないという不安から、逆に確信しているフリをしたか。いずれにせよ、彼女は主婦として生きる人と自分は根本的に違う部類だと考えていた。

「どうしてバカみたいにそんな生き方してるの？　早く自分の仕事を探しなさいよ！」。主婦として暮らしていると、こう言いたげな非婚女性にときどき出会う。直接・間接的にこういうメッセージを送ってくる女性を前にすると、結婚前の自分の姿を見ているようで既視感を覚える一方、幅広い視点でこの現象をとらえられていないのだなと残念にも思う。かれらは知らないのだ。女性がなぜ低賃金または無賃金で労働することになるのか。不当だと知りながらも、どうしてそこから離れられないのか。

世間は、既婚であれ未婚であれ、女性をすべて「主婦」と設定する。現在未婚で専門職についている女性の一部は、ピラミッドの上位に上がったら自分が今享受している賃金水準や地位を保つのが難しくなるという事実（社会はいつか主婦になる人たちにリーダーの座を任せないので）を予想できない。主婦でない自分が主婦と呼ばれる人たちとどうつながって影響しあっているのかが見えていない。それに、かれらは考えもしない。本当に他人の慈悲に依存しているのは誰なのか。お金を稼がない人は無条件に他人に依存していると考える人たちは、資本主義の裏側の世界が目に入らない。少し角度を変えて考えてみれば、男が立派な名刺をもって外でお金を稼いでこられるのは誰のおかげなのか、お金に換算されない労働によって子どもの面倒を見、病人の世話をする行為こそ、慈悲の心と直接つながった行為であることがわかるだろうに。しかし、それはあまりにも経験値の外にあるのことなので、また、結婚していないという理由で社会からいたって不当な扱いと圧力を受けている状況なので、広い視野に立って見ることができないのだろう。

ところが、『女ふたり、暮らしています。』の著者たちは、それができる人たちだった。お金に換算されなくても、成果を今すぐ数値で提示できなくても、人に重要ななにかを吹き込む労働が存在するという事実を知っている人たちだった。そして、かれらのそういう力が、資本主義の裏側の世界を心で受け止めて体で感じ取る洞察力が、お金に換算されない労働が生活の8割を占める私という主婦を魅了したのだ。

資本主義が設定した性別分業によって分断されたのは男女だけではない。女は必ず結婚して子どもを産まなければならず、家事と育児は女にできる最高の仕事だという定言的命令は、それを受け入れた女性とそうでない女性のあいだも引き裂く。お金に換算できることにだけ価値を見出す資本主義的な考え方に閉じ込められている限り、非婚女性は家で家事と育児を受けもつ既婚女性を「依存的でもどかしい生き方をしている」と考え、既婚女性は非婚女性を「わがままで自分のことしか考えていない」とさげすむことになる。体制維持のために社会は単一の女性像――結婚して子どもを産んで育てる――を強調し続け、その過程でその女性像に符合する人とそうでない人が自分の立場を擁護し、結果的に互いに非難し合うようになる。しかし、もう少しだけ深く考えてみれば、少しだけ視野を広げてみれば、女性は自分が立っている場所の地形全体をながめることができる。そして、つねに自分を省み、たゆまず前進していく女性は、既婚・非婚どちらの側にいようと、自分が立っていない側の価値に気づき、評価する目をもてるようになる。『女ふたり、暮らしています。』は、既存の常識にとらわれない生き方を生き生きと描いた、オルタナティブ・カルチャーの提示という役割を見事に果たした本だが、主婦である私には、そういう観点においてはるかに意味をもつ本だった。

＊21　キム・ハナ、ファン・ソヌ『女ふたり、暮らしています。』（清水知佐子訳、ＣＣＣメディアハウス、２０２１年）１８４ページより引用

主婦はなぜ家族のことしか考えないのか
ソ・ヨンナム『たんぽぽ麺屋』

ソ・ヨンナムの『たんぽぽ麺屋』にはじめて接したのがいつだったかはよく覚えていない。子どもたちが今よりずっと幼い頃だったので、たぶん10年以上前だろう。本を手に取った動機は覚えている。すごい！　どうしたらこんな生き方ができるんだろう。そんな気持ちだった。お金も受け取らずに、国からの支援も受けずに、自分のお金でホームレスにごはんを作って食べさせるなんて！　どこかでそんな記事を読んだあと、この人が書いた本を一度読んでみようと思った。

ページをめくりながら何度も涙をぬぐった。著者が無料食堂を開いたあと、数日間なにも食べていない人たちに温かい食事をもてなすシーンを読んでいたら、目頭が熱くなった。飢えていた人たちがお腹いっぱい食べて出ていく後ろ姿を見て満足している著者の心に触れるたびに、私まで満腹になった気がした。誰かの大きな胸に抱かれてワンワン泣いたようにすっきりした。カッコいい！　私もこのおじさんみたいに生きたい！　そんな気持ちで本を閉じ、その後もたまにこの素敵なおじさんのことを思い出した。大小のボランティア活動に参加するたびに、必ずそのおじさんのことを考えた。ホームレスを食べさせながら暮らす、還俗した修道士を。

当時、私がそのおじさんを素敵だと思った理由がわかったのは、ずいぶんとあとになってからだった。月日の流れとともに、昔はタダで手に入ったものやサービスがお金を払わなければ手に入らないものに変わるのを何度も経験したことで、私の心の片隅に生きていた仁川《インチョン》の元修道士に対する尊敬の念が次第に高まり、それで私はようやく彼の「カッコよさ」を資本主義と結びつけて考えることができた。

生きていく中で、私たちはよく特別な人になりたいと思う。世の中を埋め尽くすたくさんの人たちの中でひときわ目立つ存在になって人々の記憶に残りたいと。好きな人に出会うと、この思いは強くなる。あなたに覚えられたい。あなたの中に私を残したい。意識していないだけで、誰もがそう思って毎日を暮らしているだろう。では、誰かにとって忘れられない人になるためには、どうしたらよいのだろう。『たんぽぽ麺屋』の著者ソ・ヨンナムは、これに対して非常にシンプルな答えを提供してくれる。「お金にならないことをしろ」と。

それは、資本主義という露骨で明快な体制が私たちにくれる簡潔な解決方法だ。私たちはお金がすべての行為の動機になる時代、お金になることでないと人が集まらない時代、だから、お金を媒介にしないと誰とも出会えないように感じられる時代を生きている。だが実は、目の前に見える世界の裏側にそっと入るだけで、ものすごい量のゆとりと温もりに出会うことができる。だから、誰か好きな人がいるなら、誰かと特別に関わりたいなら、お金にならないことをしてあげればいい。自分がこれをあげたら、その見返りとしてどれだけもらえるかを考えずに、ただ与えればいい。見返りを考えずになにかを差し出す人は、それを受け取る人の中で永遠の権勢を得る。私たちは、なんの理由もなしになにかをくれた人を忘れることができない。けなしたり罵ることができない。つねにその人のことを考え、なにで恩返しできるかと考えるようになる。そして、なにをもってしても、どんな方法でも、受けた恩に完全に報いることはできない。先に与えたという事実には、どんなお礼でも攻略できない鉄壁の権威がともなう。だから、人間関係においては先に与えたほうが勝ちである。なんの理由もなしに与える心は、受け取ったものを計算して返そうとする心よりはるかに洗練されていて余裕がある。私が『たんぽぽ麺屋』の著者をカッコいいと思ったのは、地味な身なりにエプロンをつけて笑っている半分白髪のおじさんがアルマーニのスーツを着こなしてポルシェに乗っているイケメンよりずっと「豊かだ」と思ったのは、このためだ。彼が地上で最高権力者としてふるまう「お金」を超えた世界を見ることができて、作り出すことができる、格が違う人だったからだ。

ところが、最近『たんぽぽ麺屋』を再読したときは、ちょっと違うことを考えた。なぜ私はこのおじさんのように生きられないのか。なぜ家族のことしか考えられないのか。嫉妬心の混じった疑問がわいた。狭い井戸の中でもがいている自分の姿と広い平原を颯爽と闊歩する著者の人生を比較しながら浮かんだ疑問はどんどん拡張していき、ついにはもっと広範囲な疑問のうねりと合流した。利他的な人生を送って名を残す人たちは、どうしてたいてい男性なんだろう。自分と自分の家族という範疇を超えて人類の歴史に足跡を残す人たちのうち、女性の割合はどうしてこうも小さいのか。もともと男性は思考の幅が広くて大胆だから？『消耗する男』の著者が主張したように、女性は身近な何人かと付き合うのが好きで、男性は大きな組織を作って活動するのが好きだから？

やっていることの性格を考えてもそうだ。私がしていることと著者がしていることは根本的に同じことだった。食事を作って、自分ではない誰かの胃袋を満たすこと。違いがあるとすれば、その対象だった。私の場合は自分と自分の家族、それからたまに親しい知人の胃袋を満たすのにとどまる反面、著者は一切面識がないたくさんの他人の胃袋を満たしているという違いが、私の行為と著者の行為に対する評価を大きく変えていた。考えはさらに別の方向へと広がり、ペク・ジョンウォン【料理研究家で、セマウル食堂、香港飯店0410などを手がける大手外食チェーンの代表。レシピ本を出したり、テレビタレントとしても活躍】という有名な「食の専門家」にたどり着いた。ペク・ジョンウォンという人もつきつめてみれば主婦と同じ仕事をする人ではないか。材料をそろえて、洗って、下ごしらえして、温かくていい匂いがする料理に変える仕事をする人。ただ彼は、自分と自分の家族ではなく他人に自分の腕前を提供するだけではないか。「お金をもらうかもらわないか」の違いがあるだけで、ソ・ヨンナムとペク・ジョンウォンはその点で同じだった。主婦と同じ種類の仕事をするが、主婦とは違って、その仕事の恩恵にあずかるのが家族を超えた無数の他人だという点で。

するとと考えは、私とソ・ヨンナムとペク・ジョンウォンという3つの頂点からなる三角形の中をぐるぐるまわる。私とこの2人の男性のあいだにはどんな違いがあるのか。私はなぜ自分と自分の家族の食事を作ることでこれからも人生を送るのに、かれらは輝かしくも多くの人々の食事を作って、それぞれ異なる種類の（ひとりは神聖な領域の、もうひとりは俗世的な領域の）栄光を手にするのか。料理と皿洗いを「女の仕事」と考える人たちは、どうしてソ・ヨンナムとペク・ジョンウォンという、明らかに男である人たちのそれは違和感なく受け入れるのか。有名なシェフはどうして10人に9人が男なのか。有名シェフたちがテレビで繰り広げる料理と皿洗いは、どうして性別分業運命論の信奉者たちになんの疑問も生じさせないのか。

私がこんな疑問を投げかける理由は、ソ・ヨンナムとペク・ジョンウォンという人物が「単に男だから」その地位に達したのだと過小評価するためではない。根本的に、私は自分と自分の家族の胃袋を満たすことしか頭にないのに、2人の有名人男性ははるかに広範囲の人たちの胃袋に幸せを与えているという状況は、個々人の気質と能力の差に起因するものだろう。ただ、全く同じように料理という行為をするのに、どうして女性はだいたいが私的な領域にとどまり、男性は公的な領域で活躍することになるのか、その背景をつきつめたいだけだ。いったいなぜ？　なぜ女性は同じことをしても狭い範疇にとどまり、男性は広い範疇で「キラキラと」働くことになるのか。

その答えはおそらく、女性に家族の安楽を守る役割を課した「社会」という存在に探らなければならないだろう。夫と子どもの食事の責任は全的にその家の「主婦」にあるという共同体の確固たる指針が女性を家の中に閉じこめており、家族の食事の準備にもてるエネルギーの大部分を費やす女性は、家庭の外に目を向ける余裕すらなくなる。『消耗する男』の著者ロイ・バウマイスターの主張のように、「女性は身近なごく少数の人たちとだけ交流したがるから」ではなく、「女性は身近なごく少数の人たちの安楽を一手に引き受けるよう強制されるから」だ。

問題は、主婦が社会の発する強烈なメッセージに順応し、枠の中の生活に忠実であっても、なかなかよい評価を受けられないという点だ。不動産投機や行き過ぎた私教育といった慢性的な問題が世間の話題にのぼるとき、非難の砲火に包まれるのはいつも「主婦」と呼ばれる女性たちだ。家族を気にかけ、濡れた手が乾く暇もないほど忙しく暮らしていた主婦は、ある日突然、「家族のことしか考えない厚かましいおばさん」という非難に直面する。世間は、外での活動が多い主婦を「出歩くのに忙しくて子どものごはんも用意しない」と叱咤したかと思えば、大峙洞《テチドン》の塾密集地域の道路を占拠して交通渋滞を引き起こす車の話が出てくると、「自分の子どもをいい大学に行かせようと必死な身勝手なおばさんたち」とひっくるめて非難する。母親なら子どもを「よく」教育して一流大学に入れる義務があると内心思いながらも、一方では、自分の子どもだけいい大学に行かせようと血眼になっていると叱咤する。これは主婦という存在のジレンマだ。家族の世話より外での活動を優先すれば「利己的」と非難されるが、家族の世話に「あまりにも」忠実であれば、そのせいでまた「利己的」と罵倒されるのだ。

私という主婦が法輪和尚の浄土会が主管するボランティア活動に夕方遅くまで参加すると仮定してみよう。主催者である法輪という男性僧侶は、私の「無報酬で働くことに慣れた」利他性を満足げにほめるだろう。しかし、ボランティアのせいで子どもたちの夕食の準備が遅くなったことに対し私のまわりの人たちは、「自分の子どものごはんもまともに作れないくせに、なにがボランティアだ」と舌打ちするだろう。かと思えば、私と全く親交のない誰かは、私の宗教施設でのボランティア活動を「家で遊んでいるおばさんたちの退屈しのぎ」程度に考えるだろう。主婦の同一の行為がそれぞれの立場と見方によって正反対の評価を受けることになるのだ。だから、結婚して子どもを産んだ女性が外で活動して利他的な人生を生きるというのは、そうして人々からわずかでも尊敬を得るというのは、いかに可能性の薄いことか。試してみたところで、あちこちから非難された挙句、元の場所に戻ってきて、決められた日常を送るのが関の山だ。

このような前後の事情を探ってみると、どうしてテレビに出てくるシェフは男性ばかりで、人々の精神生活を導く宗教家たちがたいてい男性なのか、自然に答えが出てくる。女性は家庭内で家族の衣食住を面倒見なければならず、使える時間の大部分をその義務に捧げなければならないので、ほかのことに目を向ける暇がない。ときどき、その隙間を縫って社会で地位を築く主婦が出てくることもあるが、それは極めて例外的なことであり、主婦の大多数はこうしたきちきちに編まれた網の中でフラストレーションに耐えながら、無報酬の活動に参加することで、神が人間という被造物に基本仕様として内蔵した「社会参加の欲求」を満たし、長い長い人生を送る。

では、女性はなぜこのように家庭内でのみ機能するように位置づけられたのだろうか。なぜ、家のことをおろそかにしない範囲でのみ外に出ていいというポジションになったのか。その答えは、大韓民国という国家の福祉政策と関係している。急速な産業化が起こっていた時期、韓国は国民に一定の福祉を提供できる経済的・文化的水準になかった。人間であれば誕生と同時に与えられるべき物質的・社会的基本権を国民全員に与えることができなかった国家は、福祉の単位を個々人ではなく家族とすることで、国家がすべきことを

「家族」に押し付けた。韓国で特に家族主義が強く、「どぶから竜が生まれる【日本の「鳶が鷹を生む」にあたる諺】」という言葉に代表される家族単位の地位争いが激しく繰り広げられるのは、こういった背景に由来する。福祉先進国と呼ばれる北欧諸国の福祉政策は、たいてい国が個々人に直接与えるかたちをとっている。しかし、韓国の福祉政策はたいがい家族単位で、資源の投入も家族経由でなされる。この国で「家族」がなんとしても守るべき砦のようにみなされるのはこのためであり、生活苦に耐えられなくなった人たちが家族単位で生涯を閉じること、つまり子どもを殺して自殺するのもこのためだ。大韓民国という国家共同体は、戦争を乗り越え、食べていける国に生まれ変わる過程で動員した家族単位の戦闘政策を今でもずっと保っている。惰性で今ではそのすべてを当たり前に感じ、別の道があるという事実を忘れる段階に至ってしまった。長い間「家族」があらゆる問題の解決者としてうまく機能してきたのに、今さら国家が新しい方法を探す理由があるだろうか。韓国社会がとりわけ母親に多くの意味と責任を課すのは、こういった歴史のためだ。女性に主婦あるいは母親というイメージがしつこくつきまとうのも同じだ。女性に家族という砦を守る全天候型の門番の役割を無給でさせる必要があるので、どうしても女性を主婦または母親にしなければならないのだ。

ここで、国家が想定する「家族」とは、異性愛の夫婦と1～2人の子どもがいる「核家族」だ。共同体として韓国社会が提供するさまざまなかたちの福祉と利権、承認、支持は、ほとんどがこのような核家族に向けられたものだ。国から直接提供される福祉は言うまでもなく、会社から提供される医療や融資の福利厚生、公的な機関で使われる呼び名（お母さん、お父さん）、ドラマや映画を埋め尽くした（異性愛者同士が恋愛の末に結婚に至る）ラブストーリーは、どれも声をそろえて「結婚して家族をなし、子どもを産め」というメッセージを送る。そうやって核家族を支える中心に「主婦」が存在する。主婦は、社会活動をしていようがいまいが、お金があろうがなかろうが、年齢がいくつであろうが、無条件に家族の衣食住を面倒見なければならない。それだけでなく、子どもたちがジャングルのような資本主義社会で優位に立てるように「一流大学」に入れなければならない。自分が属する核家族だけでなく、拡大家族の衣食住と精神面にも気を配り、子どもがほどよく成長したら、家を出て仕事に就いてお金も稼がなければならない。主婦と呼ばれる人たちに期待されるものがこれだけ多いのを見れば、社会が共同体において発生するさまざまな事件・事故の原因をとりわけ「母親のせい」にするのは、本当に当然の帰結だという気がする。人間が生まれながらにしてもつべき物質的・精神的基本権を保障する作業を社会が公式的・非公式的に母親というひとりの個人に押し付けているのに、それを担当する母親がどうして追及を免れられるだろう。どうして非難されずにいられるだろう。

上の子が幼稚園生だった頃、ママ友たちと一緒に夕食を食べたことがある。4人の子どもと4人の母親が一軒に集まって食べたのだが、仲よく座って和気あいあいおしゃべりをしていた母親たちが、食事が始まった途端、それぞれ自分の子どものために忙しく動きだした。あいにく4人とも「あまり食べない」子だったので、リビングとキッチンを背景に子どもたちは逃げまわり、母親たちはスプーンをもって子を追いかける珍風景が繰り広げられた。最初、私はごはんが目の前にあるのに一口も食べようとしない子どもに腹が立って、「食べようが食べまいが勝手にしろ」という気持ちでじっと座っていた。ところが、ほかのママさんたちが追いかけながら食べさせているのを見たら、私も自分の子どもに食べさせなくてはという闘志がわき、結局、子どものあとを追いかけて口にスプーンを押しこむ隊列に飛び込んだ。そんな風に3、4さじ食べさせただろうか。いつまでも飲み込まない子どもに向かって「早く噛みなさい！」と言って次のスプーンにごはんとおかずをのせていると、ふいに悲しくなって嫌悪感に襲われた。それぞれ自分の子どもに食べさせようとまるで戦闘のように体を動かす母親たちの姿が、そして、自分の子どもだけに視線を固定し慌ただしく動く人たちのあいだで負けじと闘志を燃やす自分の姿が、いたたまれなくてどうにも直視できなかった。私は誰なのか。あの子は誰なのか。私は今なにをしているのか。結局、私はそれ以上追いかけていって食べさせるのをやめた。そのときに感じたほろ苦い気持ちは、その後も家族のための食卓を整えているとときどき現れ、私の心をかき乱した。

母親たちはなぜ自分の子どもだけ気にかけるのか。ほかの子どもたちに関心と愛情を示しながらも、決定的な瞬間には全神経が我が子に向かう理由はなにか。それは利己心か、それとも哺乳類に備わった自然の性《さが》か。どんな側面から見ようと、母親が自分の子どもに優先順位をおくのは仕方がないことだろう。しかし、そのレベルや程度は属している社会の雰囲気によって大きく変わるだろう。私は、母親たちが我が子を守ることだけに没頭するのは、韓国社会にはびこる資本主義のジャングルと一位しか生き残れない雰囲気、出身校による徹底した序列化と事実上の階級制度が深く関係していると思う。子どもの身体発育が同年代の平均より劣ったり、成績がよくなかったり、入試結果が芳しくなければ、無条件に母親がとがめられる雰囲気のせいで、母親という立場にある人たちの視野は自分の子どもの周辺に限定されてしまう。けれども、このように我が子だけを見て生きていく母親たちの心は、決して楽なわけでも幸せなわけでもない。ある瞬間になると、我が子のことしか考えていない自分が単純で情けなくて耐えられなくなる。私が子どもを追いかけてごはんを食べさせながら、一瞬自分に軽蔑を覚えたように。

個人個人に対する福祉が実現していない家族中心主義の社会で生きることは、子どもにとっても不幸だ。子どもの教育や将来について家庭が全的に責任を負う状況で家族の門番を務める母親は、純粋な気持ちで子どもに接することができない。有能な存在に育て上げなければ大人になって食べるのに困るかもしれないのに、どこの母親が気楽に子どもに接することができるだろう。福祉と人権が保障されない社会で生きていく母親は、子どもを自分の成果物のように管理することになる。なんとしてでもしっかり食べさせて他人の目に恥ずかしくない身体にしようとし、社長が社員に成果を迫るように成績を上げろと子どもを追いたてることになる。こんな風に我が子をジャングルのような社会で食べていける大人に育てることにかかりきりになっていると、家族という共同体は一種の城郭になる。敵軍の侵入から守るために堅牢につくられた城郭。食事も健康も勉強も喜びも悲しみも、3〜4人だけで共有する生活に閉じ込められてしまう。

つねに新しい物事や人に出会って内面に新しい風を入れられない人は、偏狭で、停滞した人格になる。固定観念を積み上げて自分の考えに凝り固まり、自分のやり方だけが正しいと信じて、接したことがないものは無条件に「正しくない」と考えるようになる。この過程で核家族の城郭を守る母親とその養育の下で育つ子どもたち、家族構成員が消費する財貨を必死に獲得してこなければならない父親の精神世界は窒息状態に至る。3～4人からなる核家族を最初で最後の共同体として想定する社会の落とし穴がここにある。問題はこうした核家族の外にもある。結婚して核家族を形成しない人たちは、自分が「自然で当然の」コースを歩んでいないと感じ、そのために社会が提供する恩恵を受けられないことに鬱憤を積もらせることになる。

子どもたちは家に誰かが遊びに来るのが好きだ。自分の友だちだけでなく、上のきょうだいの友だち、下のきょうだいの友だち、母親の友だち、父親の友だちなど、家族ではない誰かが家に来るのを喜ぶ。家族ではないよその人と食事をしたり一緒に遊ぶとき、子どもたちはいつもと違った表情をし、普段言わないようなことを言う。全身に活気があふれ、しぐさも生き生きしている。閉め切っていた窓を開けて新しい空気を入れたように、外部の人がもたらす新しいエネルギーが子どもを元気にさせるのだ。その姿を見ていると、普段、両親とひとりのきょうだいで構成された群れの中で、子どもがいかに息苦しい思いをしていたかを実感する。

家族が団結してなんでも解決し、自分たちでうまく生きていかなくてはならないという家族別生存主義は、このように構成員の内面をむしばんでいく。女性は家族の門番をしながら自ら孤立し、家族を社会から孤立させる。社会が指示する通りにその役割を果たせば果たすほど、孤立は深まる。私たちは西洋から文物を輸入したが、西洋文化の根底にある個人主義はもち込まなかった。その結果、西洋式の個人主義から派生した個人の責任を家族が代わりに負うことになり、人々は家族を作らなければ何事もなしていないような気分で生きていくことになった。このような状況では家族のいる人もいない人も孤立し、不幸な状態に陥る。そして、その病的な状態の頂点に、主婦という存在が立っている。

最近、結婚によって結ばれた家族関係でなくても、2人以上が住居をともにすれば、これまで法的な家族に許容されていた福祉を享受できるようにする「市民結合」制度に関する議論が活発におこなわれている。多様な形態の世帯——単身世帯や同性の友人同士が一緒に暮らす世帯、血縁関係にないさまざまな年代の人が一緒に暮らす世帯など——がすでに「法的な家族」の割合を上回っている状況において、市民結合制度の導入は今すぐ始めても遅すぎるのではないかと思うほど急務とみられる。この制度を施行すれば、『女ふたり、暮らしています。』の著者たちのように同性の2人が一緒に暮らす場合、それぞれが相手の法的保護者になることができる。病院で保護者として認められるようになるし、数十年一緒に暮らしてどちらかが先に死亡した場合、遺族年金を受けることもできる。性別が異なる人と結婚したときにだけ可能だった福祉を、個人が自分の意志で選択したさまざまな人と享受できるようになるのだ。結婚して配偶者になった人だけが法的にパートナーまたは保護者として認められる制度がいまだ根強く続いていることは、現実世界で人々はすでに伝統的な家族制度を超えて生きているのに制度が追い付いていない代表的な例であり、この分野、すなわち「家族」や「住居」に関係する制度の整備なくしては、すでに展開されている現実にふさわしい社会的合意や規範を整えることができないだろう。

家族とは「血」という偶然を媒介にした共同体である。子どもの立場から見れば、家族は自分の努力や意思とは関係なく一方的に与えられる、逆らうことのできない絶対的な条件だ。「血」を理由に、ある人は人生に必要な物質的・情緒的なリソースが皆無の状態で、また、ある人はあらゆるリソースがあり余った状態で生涯を生きていく社会構造は、人類がこれまでなし遂げてきた社会的・文化的な進歩を色あせさせる退行的なものではないか。生存・教育・福祉の一切を家族の手にゆだねるのは、人という尊い存在を偶然と運に任せる原始的なありかただ。市民結合を認めることは、自然・偶然的な要素よりも、人間の努力と意志を尊重する進歩的な一歩になるだろう。これは家族を軽んじようとか、家族同士で暮らせないようにしよう、ということではない。それよりも、家族が互いの人生に対し過度な負担を負う制度的なしばりを減らすことで家族内にはびこる圧迫感を減らし、家族という枠組みの外に存在する人々の剥奪感と鬱憤を解消しよう、ということだ。市民結合制度は、住居と財貨の分配方式に多様性を与え、これを実現していく有効な手段となるだろう。

私は想像する。血で結ばれた縁と市民個人の意志で結んだ縁が対等に認められ、さまざまなかたちの結合共同体が社会的合意を形成し支持し合って生きていく社会を。そんな社会になれば、核家族という城郭の厚くて高い塀が崩れれば、主婦である私はもう少し自由に外での活動ができるようになるだろうか。家族以外の人たちと衣食住、人生をもっとシェアできるようになるだろうか。そして、ソ・ヨンナムという賢者とペク・ジョンウォンという有名人をニュースで見ても、嫉妬せずに心に余裕をもってながめられるようになるだろうか。そんな日が来ることを願う。人間が人間に圧迫として作用せず、さまざまな人とともに生き、新しい出会いをとおして自身を刷新する機会が十分にもてる開かれた社会が到来する日を。主婦である私が、ソ・ヨンナムほどではないにしても、自分のもつわずかな財貨と能力を家族ではない他人のためにも使って生きていく日を。自分の子どもの胃袋と未来だけでなく、他の人たちの胃袋と未来を考えることにも多くの時間を使って生きる日を。

エピローグ
資本主義とともに始まった陳腐な嘘

年配の男性国会議員が空港で補佐官に無言で自分のスーツケースを滑らせてパスする動画を見たことがある。「ノールックパス」と呼ばれ、ネットで炎上した事件だった。そんなことを平然とやってのける人間の精神状態が知りたくて、何度も映像を見返した。

そのとき、私はひとりで飲食店にいた。3回目の再生ボタンを押した瞬間、「お待たせしました」という男性の声が聞こえてきて、私はすぐに画面を停止させた。目の前で皿を並べているのは、ごま塩頭に顔中シミだらけの年配男性だった。赤黒い肌がところどころ荒れた疲れた表情の男が配膳するあいだ、私は背筋を伸ばして不動の姿勢で座っていた。ドン、ドンと音を立てておかずの皿をおいて戻っていく後ろ姿を見ながら、私は思った。皿は自分でおろすべきだった！

スープが冷めるのを待ちながら再度動画を見ていたら、先ほどのことが頭の中で何度も再生された。配膳をしてくれた60代の男。じっと座って、その男の動作を居心地悪い気持ちで見守っていた40代の女。その男からそれとなく出ていた敵対心のようなもの。皿を並べる彼の手つきや冷たい表情には、明らかに嫌そうな色が見て取れた。違うかな？　考えすぎかな？

飲食店で年配の男性に食事を運んでこられると、居心地が悪い。すぐに立ち上がって「私がやります！」と言わなくてはいけないような気がする。どこの若い女が無礼にも年配者の前にじっと座って食事を出してもらうというのか。自分の息づかいまで聞こえるほど居心地の悪さを感じるこの現象はしかし、年配の女性の前ではそうそう起こらない。年配の女性が運んできたことも多いのに、どんな気分だったのか思い出せないのを見ると、年配の女性から給仕を受ける状況を私の体はとても自然なこととして受け入れているようだ。

画面に登場する60代の男性は非常に堂々としている。自分のスーツケースを他人に押し付ける行為になんら迷いもないようで、表情も動きもなめらかだ。何度も見返しているうちに、私はこの60代の国会議員に惚れそうになった。自分のすべきことを他人に押し付けておいてあんなに堂々とできるなんて、あんな貫禄のある男がほかにいるだろうか！　なになにを食べて、なにを着て、なにを見て育ったら、あんな人間になるのだろう。年配の男性の30秒間の配膳を前にしただけでソワソワしてしまう私には、画面の中の男性の精神状態があまりにもミステリーで驚愕だった。なんという肝っ玉！　あのレベルなら、人生のどんな局面でもビクつかないだろう！

この人は家で食事の支度や皿洗いをしたことがあるだろうか。補佐官に自分のスーツケースを押し付けて堂々と歩いていく画面の中の男を見ながら考えた。一度でも生ゴミを捨てたり、洗濯物を干したり、雑巾がけをしたことがあるだろうか。おそらく、ないだろう。したことがあるとしても、公的な行事で誰かに見せるためにしたとか、非常にまれに、仕方がない状況でしただけだろう。炊事や洗濯を完全に自分のつとめだと思ってやったことはないだろう。それがある人ならば、他人に自分のスーツケースをあんな風に押し付ける行動や、多くの非難にもかかわらず自分の行為に問題があったと認識できないレベルの思考は、できるはずがない。自分が食べるごはんを自分で作って、自分が食べた茶碗を自分で洗って、自分が着た服を自分で洗って生きてきた人は、他の人にそれを押し付けることができない。もしもそんな状況になったら、体が固まってソワソワしてしまう。自分の面倒を自分で見てきた歴史をもつ体がそんな恥知らずなことを許さないから。

家事とはなにか。家事とは、人間を生存できる状態に保つための各種の行動をいう。血と肉になる食事を作る行為、体を保護するために着る衣服をきれいに洗って干す行為、体を休める空間を掃いたり拭いたりする行為など、体を快適な状態で保つためにおこなうさまざまな活動を私たちは家事と呼ぶ。この観点から見ると、家事という用語は、このような活動の本質を見えなくする間違った言い方のように思う。生命維持活動、あるいは生命保存活動と言ったほうが、はるかに本来の意味が生きているのではないだろうか。

唐突に家事という用語に難癖をつける理由は、この用語で総称される事柄が家族内のひとりの肩に背負わされることを正当化するのに、この用語が少なからぬ役割をしているためだ。私たちが考える「家事」は家の仕事ではない。集まって一緒に暮らす人々が各自解決すべき自分の生命維持活動だ。本来各自がこなすべき自分の生命維持活動を、さまざまな理由で「主婦」と呼ばれる家の中のひとりに集中させ、残りの構成員はそれによって得た時間を多様に活用するシステムを私たちは「家族」と呼ぶ。

よく「男は大人になっても子ども」だとか「夫は我が家の三男」などと言われる。私は、男性を幼いと評価するこういった言葉は、男性がほとんど家事をしないことに由来していると思う。身体的な条件と能力が備わっていない幼年時代を除けば、人は自分の体を自分で世話すべきだ。空腹を満たすために食べ物を自分の手で料理し、自分の体を守るための衣服を自分の手で洗って干すことは、成熟した人間が自分の体に対してすべき最も基本的なことではないか。これをしない人が幼児的な状態にとどまるのは極めて当然のことだろう。自分の体を生存させる仕事を生涯他人に押し付けてきた人が完全な大人の風格を備えるならば、そのほうが驚きではないか。

自分の手で家事をしない人が完全な人格者として存在するのは難しい。有力な男性政治家や知識人、有名人がどこか空虚でハッタリのように見えるのは、そして、まれに見られる女性政治家や知識人がなぜか中身があるように見えるのは、こういった面から理由を探ってみるべきだろう。もちろん、最近はこれと反対のケースもさかんに見られる。社会的に一定の地位を築いた女性の中にもうぬぼれや虚偽意識に陥っている人がいるし、属する分野で名の通った男性の中にも謙虚で見栄とはほど遠い人がいる。近くで日常を観察してみると、これらの特性は、家事を自分の手でするかどうかと大きな相関関係があるという事実がわかる。

ごはんを作る、洗濯をするという行為は、人に自分が「体」であることを教えてくれる。食べなければ泣き叫び、寒さにさらされればブルブル震えて縮こまる無力な動物であることを悟らせる。自らの動物性と限界を見せつけて、些細な日常行為の大切さに気づかせる。その作業を日々実践している女性あるいは男性は、政治家になろうが有名人になろうが、権威主義の落とし穴にはそうそうはまらない。地にしっかりと足をつけているからだ。有名であることに酔って自分に名声をもたらした高貴な品性をあっという間に失ったり、他人にむやみに訓戒をたれたり命令しようとする人がだいたい男性であるのは、こういうことに由来している。自分の体を保つのに必要な労働を生涯他人に押し付けてきた人が、人間という神秘で複雑な種を理解し、奇跡のように手中に飛んできた権力と名声をきちんと活用することができるだろうか。

資本主義社会で生活するには、男として生きるのが有利か、女として生きるのが有利か。講演で投げかけた質問に、ある女性はこう答えた。「女性です」。どうしてそう思うのか聞いたところ、「女は必ずしもお金を稼がなくてもいいですから」という答えが返ってきた。いつも投げかける質問にそう答えた人ははじめてだったので、少し驚いた。答えたあと、照れくさそうに笑っている女性の顔をじっと見て、私はゆっくりうなずいた。

それまで私は、資本主義社会で生きるには女性という性別は圧倒的に不利だと考えてきた。お金をたくさん稼ぐ人が人々の尊敬まで手にするようになった世の中で、自分がした労働に対しお金という明確な報酬がもらえない女性は、本当に生きづらいと思っていた。だから、その女性の答えはいつまでも心の中でこだました。資本主義社会で暮らしながら、「お金を稼ぐ」という至上命題から自由になれる人。そうか。女性をそう見ることもできるのか。

その女性の答えが「非資本主義的な世界に住んでいる人の本能的な洞察から出てきたもの」だという結論に落ち着いたのは、私がこの本を書くために資本主義関連の書籍を読み漁ったあとだった。もしかしたら、私がその多くの本を読んで、多くの文章を書いて到達しようとした地点に、自分が属する世界を熱心に生きている彼女は直観ですでに到達していたのかもしれない。言葉と文章で日常の多くを消費している自分の生き方が恥ずかしくなる瞬間だった。

「家で遊んでいる」という言葉のルーツを探ることは、資本主義が人間にとって最も重要なことである家事労働を見下し、片方の性別に押し付け、報酬のない取るに足らないものにしてきたプロセスを追うことだった。私たちの母親世代より私たちの世代において「母親」あるいは「主婦」のもつ重みが軽くなったのは、お金の支配力拡散にともなう自然なことだった。資本主義が猛威をふるい、社会におけるお金の権勢が強まったことで、お金がもらえない仕事をする家事労働者の地位がだんだん下がったのだ。

伝統的な女性運動は、女性に「外に出て働こう」と呼びかけてきた。しかし、数多くの女性が外に出て働いても女性の地位は上がらず、家事労働に対する過小評価は続いた。これは、資本主義が無償で働く家事労働者を根幹とするからであり、いくら外で働いても女性はつねに「主婦」とみなされるので、給料が少なく、特定の時期が来れば職場から追いやられるのだった。シルヴィア・フェデリーチが正確に指摘したように、私たちは今、別の方向に目を向けなければならない。社会に女性が入りこめる場を作るだけでなく、伝統的に女性の領域とされてきた家事労働の価値を高める作業をするときが来たのだ。この作業によって家事労働の価値が上がれば、女性の地位も高まり、同時に「仕事」に格上げされた家事労働の領域に自然と男性も入ってくることになるだろう。

資本主義そのものの中で起こった変化もこのような動きを後押ししている。成人男性ひとりが家族賃金を稼いできた「正規職時代」が幕を下ろし、すべての労働者の「主婦化」が進む状況が到来したのだ。人工知能と通信技術の発達により、働く場所と時間が決まっている正社員像が崩壊し、人類は場所と時間にとらわれずに「柔軟に」働く時代に突入した。家の中で家事をしながら合間合間に在宅勤務をしたり、会議のときだけカフェで会うなど、労働時間と場所が流動的に変わる現象は、もはや珍しくも例外的でもない。このような現象は、自然と性別分業の慣行にも変化をもたらした。「夫のほうが料理がうまい」と話す既婚女性が急速に増えているのは、性別分業の強固な壁が崩れつつあることを象徴的に示している。親を対象とした講演をすると、子どもを抱いて参加する父親たちにときどき会うが、ほかの母親たちはそれを自然なこととして受け入れていた。

資本主義は女性に二面的な意味で作動する。資本主義は、女性に家の中で家事と育児を専担するよう圧力をかけるが、一方では、飲食店に座ってお金さえ払えば、年配の男性からでも給仕を受けられるようにする。また、女性が家の中で休む間もなく体を動かして働いても「家で遊んでいる」と言われなければならないようにするが、一方では、男性のように誰かの懐を肥やす活動、すなわち社長や株主の腹を満たすための活動に人生の大半をつぎ込むことなく、細切れながら時間を活用できるようにしてくれる。女性を、お金を稼ぐのが難しい状況に追い込み悲痛な思いにさせるが、だからこそ「お金を稼がなければ人間扱いされない状況」におかれずに生きていけるようにしてくれる。

会社員は資本主義の「華」だ。端正なスーツを着て忙しく動きまわるビジネスマンの姿は、洗練され、クールな現代人の象徴のように見える。しかし、このようなビジネスマンに象徴される資本主義体制は氷山の一角に過ぎない。スーツ姿の会社員の足元では、お金を媒介としない膨大な数の関係が繰り広げられている。地球上で一握りに過ぎないホワイトカラーを支えるこの巨大な領土を構成するのは、自然、女性、植民地という3つの要素だ。長い間存在しないかのように沈黙してきたこの3つの要素は、新しい世紀を迎え徐々に存在を現し始めた。資本主義の黎明期から約300年間ずっと自らを再生産して無償で提供してきた要素たちが逆襲を始めたのだ。

ニュースのヘッドラインを飾る事件・事故の大部分は、この3つの領域で起こる。真夏の異常な高温で地球のどこかで死者が大量に発生したり、奇形の魚が大量に発見される現象は、自然がこれ以上資本主義体制に協力しないことを示している。地球全体で看護師の求人難に見舞われたり、子どもの世話をする保育士が見つからずケアの空白が生じているのは、女性の無償労働により大幅な利益を上げてきた資本主義体制がこれ以上作動しないことを示している。先進国に住む女性の子どものために自分の母親を奪われた子どもたちの現在と未来、家族体系が急速に崩壊しつつある開発途上国の現況は、ケア労働の全世界的な階層化を土台にした高度な資本主義体制がこの先いくらももたずに崩壊することを示している。

「自然」と「植民地」が私たちの物質的・肉体的存立に直接的な変化を引き起こすとすれば、「女性」は私たちの精神的・文化的価値に大々的な変化を引き起こす。これからの時代は、「女性」の領域で起こる変化によって人類の文化が根底から揺さぶられ、その結果、完全に新しいかたちとカラーで再編成されていくだろう。私たちはこういう時代の状況をきちんと読み取らなくてはならない。資本主義が基盤とする巨大な大陸が割れて、揺れて、地殻変動を起こしている現実は、私たちの実生活にすでに入りこんできている。なのに、法・制度・慣習・教育は50年前に適用されていたような内容を繰り返し打ち出し、人々を混乱に陥れる。私たちがもはや通用しない古い考え方と現在を正確に反映した考え方とのあいだで混乱するのは、社会・文化を組織する決定権者の性別と年齢のせいだ。しかし、よく目を凝らせば、かれらが作り上げた古い秩序の隙間から、私たちが生きている今この瞬間の現実をうつすものがあふれ出てこようとしているのがわかる。今、女性は、そして女性とともに生きる男性は、資本主義が奪い去った崇高な機会を取り戻さなければならない。女性は無理やりひとりで背負わされたためにその本来の魅力を享有できず、男性は人為的に除外されたためにその本来の生命力を享有できなかった「家事と育児という生の祭典」を、男女が心をひとつにして均等に再分配しなければならない。資本主義の出現とともに始まった陳腐な嘘、「家で遊んでいる」という言葉は、その過程で自然と出番を失うことになるだろう。

訳者あとがき

本書は2020年に刊行された『당신이 집에서 논다는 거짓말』の全訳である。直訳すると「あなたが家で遊んでいるというウソ」というタイトルになる。著者のチョン・アウン氏は、2人目の子どもを妊娠し、それまで通っていた会社を辞めて子育てに専念することにした途端、あちこちから「家で遊んでいる」と言われるようになり衝撃を受ける。主婦は一日中家の中と外を行ったり来たりしながらさまざまな難易度の労働をこなしているのに、どうして「家でぐうたら遊んでいる」と言われるのか。自分の労働はどうして労働とみなされないのか。主婦はどうして社会的に見下されるのか。その疑問を解くために、主婦の立場であれこれ本を読んで、考え、「原因はお金、すなわち〝資本主義〟だ」という答えにたどりつくまでの過程をまとめたのが本書である。

日本でも同様のテーマの新書『なぜ共働きも専業もしんどいのか　主婦がいないと回らない構造』（中野円佳著、PHP新書、2019年）などがあるが、本書はその議論を一歩進め、資本主義社会に疑問を呈する、という観点が非常に同時代的だと感じる。本書や、本書に紹介された本（残念ながら日本語の翻訳がないものもあるが）を読めば、お金を正義とする資本主義社会がいかに巧妙に家父長制を利用して、女性のケア労働を搾取しているかがわかる。「専業主婦は〝ただ飯〟を食っているのだから24時間家族のために奉仕して当たり前」とされ、専業主婦が少しでも愚痴を言えば（男からも女からも）叩かれる風潮は、日本も韓国もさほど変わらないと感じる。

韓国の主婦の生活と内面を詳しく描いた小説に『82年生まれ、キム・ジヨン』（チョ・ナムジュ著、斎藤真理子訳、筑摩書房、２０１８年）がある。韓国フェミニズム文学として日本でも異例のベストセラーになったので読まれた方も多いだろう。小説ではあるが、各種統計資料や記事をもとに書かれたものなので、韓国女性の実態に近いと考えてよいと思う。この作品にも本書のテーマである〝女性に押し付けられ、ないことにされているケア労働〟が随所に描かれている。たとえば「今は洗濯は洗濯機がやるし掃除は掃除機がやるのに何がそんなに大変なんだ」というおじいさん医師に向かって、『汚れた衣類が自分の足で洗濯機に入っていって、水と洗剤をかぶってくれて、洗濯が終わったらまた歩いて出てきて乾燥機に入ってくれるわけじゃないんですよ。掃除機だって、自分で雑巾を持ってあちこち行って、拭いたり磨いたり乾かしたりしてくれるわけでもないし』と心の中で反論し、

『専業主婦になって以来、キム・ジヨン氏は家事に対する世間の態度はダブルスタンダードだなあと思うことがよくあった。ときには「家で遊んでいる」とばかにされるし、ときには「家族の生命を守る仕事」なんて持ち上げられるが、費用に換算されることはめったにない。値段がついたらその瞬間、誰かが支払わなくてはならないからだよね……』とつながるくだり（142〜143ページ）は本書と全く同じ視点である。

ちなみにここには、専業主婦（ジヨン）と、残業や接待もありのフルタイムで働く兼業主婦（キム・ウンシル課長）が出てくるが、ジヨンは出産を機に退職しワンオペで家事育児をこなし（夫は手伝おうという気持ちはあるが、毎晩仕事で午前12時頃に帰宅）、キム課長は小学生の娘がいるが、実の母と同居しており家事育児は完全に母親任せとなっている。既婚男性の長時間労働が主婦の存在の上に成り立っていること、女が男並みに働くには「主婦」の役割をしてくれる別の誰かが必要であることがよくわかる。一方、男性の育児休暇も法で保障されており、夫が家事育児を担当してもよいのにジヨンが退職したのは、社会から刷り込まれた「3歳児神話」の影響もないわけではないが、いずれ出産・育児を理由に辞める女性は会社から主戦力とみなされておられず、同時期に社会に出た夫より年俸が低かったからである。このように社会が女性を主婦または主婦予備軍とみなすことで生じる男女間賃金格差については『失われた賃金を求めて』（イ・ミンギョン著、小山内園子・すんみ訳、タバブックス、２０２１年）に詳しく書かれているので、こちらも参考にされたい。

「専業主婦VSワーママ」の議論も絶えることがないが、共働き世帯の割合は、２０１９年現在で日本は66・2％、韓国は46％というデータがある（総務省「労働力調査」、韓国統計庁「地域別雇用調査」より）。２０１１年比で日本は10％以上増加、韓国は毎年増減を繰り返し結果的に１・４％の微増にとどまっているが、韓国の場合も小学生の子どもがいる世帯では共働きの割合が増えており、共働きはもはや選択ではなく必須という認識が広まっている。ただし、これらのデータはいずれも非正規・短時間労働を含むものであり、女性が男性と同じように仕事を続けることの難しさ、結婚・出産前と同等の仕事に戻ることの難しさを内包した数字と言える。

訳しているあいだ、個人的にも専業主婦に支えられて生活がまわっていると感じる出来事が多々あった。私は翻訳業のほかに、ソウルでフルタイムの会社員をしながら小学生のスポーツ少年を育てているのだが、高学年になるにつれて手がかからなくなってきたと感じていたのは、ここ数年コロナで子どもの活動が制限されていたことによる錯覚に過ぎなかった。一番困ったのは夏休み中の練習試合の送り迎えで、チームメイトのママさんたちに子どもを預ける日が続き、ついには相手チームのママさんにまでお願いするという暴挙に出たこともあった。情に厚い韓国人の特性も大いに影響していると思うが、みんな快諾してくれ、さらに昼食やおやつまでしっかり食べさせておいてくれるので驚いた。思えばこれまでずっと、学校のさまざまな役員などもこうした主婦たちに当たり前のように押し付けて間接的に支えられてきたわけで、「自分はうまく仕事と育児を両立している」と一人でうぬぼれていた視野の狭さを反省した。そして私も本書39～40ページの著者と同じで、専業主婦の人間味あふれる親切に触れるたびにかれらが好きになり、かれらの行動を真似したいと思うようになった。

著者のチョン・アウン氏についても少し紹介しておく。会社員生活を経て２０１３年に文壇デビューしたのち、さまざまな小説や人文エッセイを書いてきたが、本書で「アイデンティティの80パーセントは主婦」と述べているように、主婦（母親）を扱った作品が多い。長編小説の『蚕室洞の人々』は見えない階級をのし上がるための唯一の希望である「教育」にかける母親たちの描写が秀逸である。また、本書の冒頭に出てくる『母親の読書』は、壁にぶつかるたびに「本」に答えを求めてきた著者がそこから得た洞察を13年間の育児経験とからめてまとめたエッセイで、多くの共感を呼んだ。今後これらをはじめとするほかの作品の翻訳出版にも期待したい。

最後に、編集を担当してくださったDU BOOKSの筒井奈々さんに心よりお礼申し上げる。特に筒井さんは小さなお子さんを保育園にあずけて働くワーママとして、平日はお子さんの発熱・保育園からのお迎え要請にふりまわされ週末返上で原稿を読んでくださるなどしたほか、日本の育児環境について、肌で感じる雰囲気も含めさまざまな情報をくださった。

そのほか、お世話になったすべての方々に感謝の意を込めて、この本をお届けしたい。

冬のソウルより　生田美保

日本の読者の皆様へ

私は宮部みゆき、上野千鶴子、石川康弘といった日本の作家の熱狂的な読者です。これまで日本の作家が書いた本を読みながら、韓国社会と似ている日本社会の姿に驚くことが多々ありましたが、このたび『主婦である私がマルクスの「資本論」を読んだら』で日本の読者の皆さまにお目にかかることになり、とても嬉しく、ドキドキしています。一見、女性は自分の住んでいる国にしばられているように思えますが、近くで見ると国境を越えて互いに多くの影響を与えあっています。現代の女性は資本主義と家父長制のあいだにのびた険しい道を、曲芸でもするかのように危なっかしく歩いていかなくてはなりません。その険しい旅路にこの本が少しでも助けになることを、そうして私たちがともに道を広げ、新しい道を作っていけることを願っています。こうして出会えて嬉しいです！

チョン・アウン　정아은

主婦《しゅふ》である私《わたし》がマルクスの「資本論《しほんろん》」を読《よ》んだら
15冊《さつ》から読《よ》み解《と》く家事労働《かじろうどう》と資本主義《しほんしゅぎ》の過去《かこ》・現在《げんざい》・未来《みらい》

2023年2月1日　初版発行

著　チョン・アウン
訳　生田美保《いくたみほ》

デザイン　川畑あずさ
編集　筒井奈々(DU BOOKS)

発行者　広畑雅彦
発行元　DU BOOKS
発売元　株式会社ディスクユニオン
東京都千代田区九段南3-9-14
編集　tel 03-3511-9970／fax 03-3511-9938
営業　tel 03-3511-2722／fax 03-3511-9941
https://diskunion.net/dubooks/

印刷・製本　大日本印刷

ISBN 978-4-86647-189-1
Printed in Japan

本書の感想をメールにてお聞かせください。
dubooks@diskunion.co.jp